Tim Burchardt

Glücksorte
in Bielefeld

Fahr hin und werd glücklich

Droste Verlag

Dieses Buch gehört

....

....

....

Liebe Glücksuchende,

für alle die, die glauben, dass es Bielefeld gar nicht gibt: Dieses Buch tritt eindrucksvoll den bunten Gegenbeweis an. Denn die Stadt ist aufregend, wunderbar grün, abwechslungsreich, und die Bewohner versprühen eine wohltuende Gelassenheit. Wer morgens um fünf Uhr beim Sunrise-Yoga auf der Sparrenburg gesehen hat, wie traumhaft schön die Sonne hinterm Teutoburger Wald aufgeht, weiß, wie herrlich es hier ist. Wer den lebhaften Siegfriedplatz im Westen kennt, weiß, wie die Stadt schmeckt. Denn hier im Kiez pulsiert das Leben. Cafés, nette Weinbars, ökologisch wertvolle Unverpackt-Läden und die Alm – was braucht es mehr für einen tollen Tag? Wer es kulturell mag, für den gibt es unzählige Theater, Open-Air-Kinos, Museen und den Bunker Ulmenwall, eine Location, die einzigartig ist. All das ist mit dem Fahrrad problemlos zu erreichen. Wer lieber Bahn fährt, der kommt ebenfalls in jeden Winkel der Stadt. Wer es ruhig mag, der wird die traumhafte Aussicht vom Johannisberg genießen und den Hermannsweg mit seinen vielen Ausflugszielen zu schätzen wissen. Was für ein Glück, Bielefeld zu kennen – das wird dieses Buch beweisen.

Tim Burchardt

Deine Glücksorte ...

... noch mehr Glück für dich

Träumen erwünscht

 ## *Der Bäckerplatz unter den Akazienbäumen*

Christina Ammermann ist stolz, wenn sie vor ihrem Bäckerplatz im Bielefelder Osten steht. Sie hat ihr kleines Café vor einigen Jahren liebevoll wieder zum Leben erweckt. „Wir brauchten hier im Viertel einfach wieder einen Treffpunkt", erzählt sie. Weil ihr die Arbeit dabei etwas zu viel wurde, packte die Nachbarschaft mit an und zauberte innerhalb weniger Monate einen absoluten Wohlfühlort. „Eine Kundin hat mir bei den Büroarbeiten geholfen. Eine andere hat die Instagram-Seite gebaut." Die Chefin liebt ihr Lädchen und mag die gelebte Nächstenliebe „hier in meinem Viertel. Jeder hilft dem anderen. Und anschließend treffen sie sich dann alle im Bäckerplatz." Vor dem Café sitzen an diesem Tag drei Studenten, die sich die Sonne auf den Rücken scheinen lassen und ihren Cappuccino genießen. Die Akazien blühen und machen aus dem Ort eine einzigartige filmreife Kulisse. „Ich bin jedes Mal wieder begeistert, wie schön es hier ist", sagt Barbara, die aus Hannover nach Bielefeld gezogen ist, um hier zu studieren. Sie gesteht lächelnd: „Manchmal verpasse ich die Vorlesungen, weil es für mich keinen zweiten Platz wie den hier gibt. Dann träume ich und vergesse völlig die Zeit." Sie fühlt sich mittlerweile komplett heimisch im Viertel, vor allem, „weil es so etwas Schönes wie den Bäckerplatz in Hannover nicht gibt". Der Cappuccino ist noch nicht ganz ausgetrunken, da serviert Christina Ammermann schon das Frühstück. Hübsch in einer Etagere platziert rundet es den entspannten Vormittag ab. „Wir haben hier Etageren mit veganem, vegetarischem und natürlich auch normalem Frühstück", verrät Ammermann. Das absolute Highlight ist jedoch das orientalische Shortbread mit Karamellgeschmack. Barbara lässt sich ein Stückchen zum Probieren bringen und bestätigt: „Super lecker, mit einer angenehmen Süße. Noch ein Grund mehr, hier immer wieder zu versacken."

Bäckerplatz, Auf dem Calvinenfeld 25, 33604 Bielefeld, Tel. (05 21) 91 51 88 66
www.baeckerplatz.de
ÖPNV: Straßenbahn 3, Haltestelle Prießallee

Früher war lecker

2 *Das Bauernhausmuseum in Dornberg*

Gleich am Eingang des Bauernhausmuseums lockt ein wunderschönes Café mit herrlichstem Kuchen und Gebäck. Und hier lohnt sich der Genuss, denn das eingenommene Geld wird dem Museum gespendet, damit die sehenswerten Bauernhäuser erhalten bleiben können. Schon der Café-Besuch ist einen Ausflug wert. Gemütlich sitzt es sich hier im Fachwerk-Ambiente einer ehemaligen Scheune aus dem Jahr 1695. Als Bonbon gibt's an allen Tagen, an denen die ehemalige Scheune geöffnet ist, ein leckeres Frühstück. Anmeldungen sind allerdings erforderlich, denn der kuschelige Raum bietet nur wenigen Besuchern Platz. Und wer seinen kulinarischen Beitrag zum Erhalt des Bauernhausmuseums geleistet hat, sieht anschließend, dass das Museum ein optischer Genuss ist. Zuerst begrüßt einen eine recht große Windmühle aus dem Jahr 1886. Und dann offenbart sich ein kleines, liebevoll gestaltetes Dörfchen, in das man sofort einziehen möchte. Gleich hinter dem Café taucht man ein in eine Zeit vor unserer Zeit, die noch ruhig und stressfrei war. Ein Glück, dass man so etwas hier erleben kann. Die Zeitreise beginnt im Kinderhaus, in dem früher die Kleinen wohnten. Wenn einem ein leichter Fischduft die Nase kitzelt, kann es daran liegen, dass in dem Haus mal eine Familie lebte, die mit dem Fischfang ihren Lebensunterhalt bestritt. Richtig lecker wird es dann im Backhaus nebenan. An diesem Tag wird frisches Brot gebacken, einfach ein Genuss. „Hier ist es so schön, die Häuser, frisches Brot. Es macht mich glücklich, hier zu sein", gesteht Laura Steiner, die gern mal am Wochenende im Bauernhausmuseum eine Pause einlegt. Glücklich sind auch die Bienen im Bienenhaus, das um 1900 erbaut wurde. Bis zu drei Bienenvölker wohnen hier. Besonders spannend findet der siebenjährige Ismael diesen Teil des Museums: „Hier lernt man ja mehr als in der Schule. Ich weiß jetzt, dass Honig früher ein preiswertes Heilmittel war." Kein Zweifel: Bauernhausmuseums-Besuche bilden …

TIPP Wie wurde um 1900 geheiratet? Hochzeitsführungen geben Auskunft.

⊙ Bauernhausmuseum, Dornberger Straße 82, 33619 Bielefeld, Tel. (05 21) 5 21 85 50
www.bielefelder-bauernhausmuseum.de
⊙ ÖPNV Bus 24, Haltestelle Bauernhausmuseum

Köstliches Großstadtfeeling

3 *Burger-Genuss in the good hood*

Bahnhofsgegend, in der Nähe ist das leise Rauschen der Autos auf der Stadtautobahn zu hören. Und mittendrin steht the good hood. Gut behütet fühlt sich jeder, der die Tür hinter sich zugemacht hat und im kleinen, feinen Lokal sitzt, dass Jan Hunke vor ein paar Jahren übernommen hat. Seitdem ist es zum absoluten Wohlfühlort geworden, in dem sich vor allem Frauen einfinden. „Teilweise kommen hier auf zehn Besucher sieben Frauen", sagt der Chef, wohl auch, weil es eine stylische und behagliche Bar ist, die am Wochenende meistens gut gefüllt ist. Egal, wie voll es ist, „hier ist es einfach schön, gemütlich. Und trotzdem hat es Großstadtflair. So etwas fehlte in Bielefeld bislang", freut sich Susi, die jeden Samstag extra aus dem benachbarten Gütersloh anreist. Jan Hunke achtet immer darauf, „dass hier eine schöne Harmonie herrscht". Dazu gehören auch die frischen, lokalen Produkte, die er verwendet. Und ein Burger, den es so kein zweites Mal in der Stadt gibt. Man bestellt Veganes, es wird Veganes serviert. Und es schmeckt: nach Fleisch! The good hood ist dabei auf einen neuen Trend aus den USA aufgesprungen. Der Beyond-Burger wird von einem Unternehmen hergestellt, an dem auch Bill Gates Anteile hat. „Und er schmeckt super lecker." Auch ein Grund für Susi, hier immer wieder mal vorbeizuschauen. Wer die Karte durchstöbert und einen gewissen japanischen Einfluss feststellt, der liegt vollkommen richtig. Denn Jan Hunke hat ein paar Jahre in Fernost verbracht. Wer japanisch essen will, sollte den Hood-Burger bestellen. Beim ersten Biss läuft einem das Wasser im Mund zusammen. Leckeres mariniertes Pak Choi kitzelt den Gaumen. Auch Beeren-Porridge, Chia-Pudding und veganes Avocado-Brot ist was für Lecker-Schmecker. Wer lieber die gesunde Mischung mag, der muss unbedingt „All in one" probieren. Denn da ist Porridge, Chia-Pudding, Acai-Bowl und Kokosjoghurt im geschmacklich perfekten Mix enthalten. Köstlich!

● the good hood, Jöllenbecker Straße 7, 33613 Bielefeld, Tel. (05 21) 98 62 07 10
www.thegood-hood.de
● ÖPNV: Straßenbahn 1, 2, 3, 4, Haltestelle Hauptbahnhof

Das kann sich sehen lassen!

 4 *Die Kamera ist ein Schmuckstück geworden*

Wer Filme liebt, kann sie in der Kamera genießen! Kompliment, Jürgen Hillmer: Aus Bielefelds ältestem Kino ist ein echtes Schmuckstück geworden. Seitdem der Bielefelder das Haus übernommen hat, ist die Kamera so richtig kuschelig geworden. Genüsslich fläzen sich an diesem Abend die Besucher in die roten Flanellsessel, die sehr geschmackvoll in Reihen im Hauptsaal angebracht wurden. Passend dazu der rote Vorhang vor der Leinwand, der schon ohne Film ein Hingucker ist. Und die Wände, mit blauem Seidenstoff überzogen, sind farblich darauf abgestimmt. Darunter wurden für die bessere Akustik Schallschlucker angebracht: „Schließlich gehört zum perfekten Film auch der perfekte Klang. Und den haben wir so erreicht", erklärt Jürgen Hillmer. Auf sein Schmuckkästchen ist er auch deshalb stolz, „weil wir hier nur Filme zeigen, die einen gewissen Qualitätsstandard haben". Heißt also: Im schmucken Ambiente wird es Schmuddelfilme mit Sicherheit nicht geben. Viele Besucher, die an diesem Abend zum ersten Mal nach dem Umbau da sind, trauen ihren Augen nicht. „Früher war es hier einfach kultig. Aber jetzt ist auch noch richtig chic und elegant geworden",

TIPP Wer anderen eine Freude machen möchte: Hier gibt es Kinogutscheine.

staunt ein älterer Herr, der es sich in der ersten Reihe des Kinos bequem macht. Für Hillmer sind solche Sätze eine Bestätigung, dass viele Bielefelder mit der Kamera groß geworden sind. Als besonderes Highlight bietet das Kino Filme in zahlreichen Sprachen wie italienisch, englisch, französisch oder auch japanisch und koreanisch. „Alle Filme zeigen wir in der Originalsprache mit Untertiteln. Das ist authentischer und wird den Schauspielern auch gerechter, als wenn irgendeine Synchronstimme darübergelegt wird." Neben den drei Filmsälen gibt es ein sehr nettes Bistro mit Kleinigkeiten und Getränken zur Stärkung. Ideal, um anschließend von hier aus in den weiteren Abend zu starten.

◗ **Neue Kamera, Feilenstraße 2-4, 33602 Bielefeld, Tel. (05 21) 6 43 70**
www.kamera-filmkunst.de
◗ **ÖPNV: Straßenbahn 1, 2, 3, 4, Haltestelle Hauptbahnhof**

Graffiti macht hier glücklich

5 *Der Kiez-Rundgang im Bielefelder Westen*

Wenn jemand an den Kiez denkt, meint er vielleicht St. Pauli, die Reeperbahn in Hamburg. Klar, alles bekannt, alles längst besucht. Aber der Kiez in Bielefeld? Bitte? Damit Zweifler nicht weiter überlegen müssen, hat sich die Stadt eine eigene Tour dazu ausgedacht. Denn es gibt ihn sehr wohl: den Bielefelder Kiez. Sicherlich nicht so bekannt wie der aus Hamburg, aber mindestens ebenso verrucht und aufregend. Für die, die den Kiez schon an Graffiti-Malereien erkennen, beginnt der Rundgang perfekt. An der U-Bahn-Haltestelle Oetkerhalle. „2014 gab es einen Wettbewerb, um den Haltestellenbereich zu verschönern", erklärt Janine Vetter, die die Tour leitet. Vorgaben bestanden nicht. Und deshalb wurde gesprüht, was die Dosen hergaben. Und weil Punk plötzlich gefiel, sind mittlerweile bis zur Stadtmitte auf einer Fläche von satten 800 Quadratmetern im gesamten Westen Graffitis zu sehen. Bielefeld ist stolz auf seinen Westen, wo der Kiez gelebt wird, wo die Arminia-Fans in den Straßenkneipen Bier trinken und die Studenten ihre Partys feiern. Wie beim Campus-Festival neben der Uni mit über 20.000 Besuchern und dem Bielefelder Headliner und Popstar Casper, der sein Studium nach fünf Semestern abbrach und auch so gut über die Runden kommt. Für Janine Vetter ist der Westen sogar der „lebenswerteste Stadtteil". Vorbei führt die Tour an der Alm, dem größten Bielefelder Fußballplatz, an dem an diesem Abend leuchtende Flutlichtmasten den Stadtteil in ein schummeriges Licht tauchen. Nach einer Einkehr im BrauseSyndikat geht's zum „Siggi", wie der Siegfriedplatz liebevoll abgekürzt wird. Hier gibt es eine gewaltige Portion Bielefelder Kiez-Kultur. Wer weiß schon, dass Whoopi Goldberg und Tommy Hilfiger leidenschaftliche Sammler der Bilder von Bielefelds Pop-Art-Künstler Heiner Meyer sind. Oder dass Veit Mette die Stadtbahn verschönert und Bildhauerin Nina Koch die Stadt geprägt hat? Wer das und noch vieles Spannende mehr erleben will: Ab auf den Kiez!

TIPP Auch der kulinarische Spaziergang ist reizvoll. Infos für Rundgänge gibt es unter Tel. (05 21) 51 69 99.

○ **Kiez-Rundgang, ab Rudolf-Oetker-Halle, 33615 Bielefeld**
www.bielefeld.de
○ **ÖPNV: Straßenbahn 4, Bus 21, 61, 62, Haltestelle Rudolf-Oetker-Halle**

Glück unter freiem Himmel

6 *Die mobile Kirchenbank in der Altstadt*

Es ist ja nicht so, dass es in der Stadt keine Bänke gäbe. Und doch ist diese Bank etwas Einzigartiges. Gut, der Sitzkomfort ist vergleichbar mit jeder anderen Bank. Aber dieses Exemplar, das von April bis Oktober sonntags auf dem Bunnemannplatz in der Altstadt steht, hat zudem etwas Besonderes. Etwas, das sich zwar erst auf den zweiten Blick erschließt, dafür aber umso wertvoller und nachhaltiger ist. Die Bank verbindet Menschen miteinander, sorgt für Zufriedenheit, Frieden und Glück bei vielen, die dort Platz nehmen. Und das immerhin schon seit 13 Jahren. Wer sich auf dieses Holzmöbel setzt, ist nicht mehr lange allein, sondern findet sofort Kontakt. Denn es sitzt dort immer bereits jemand, der es versteht, zuzuhören. Der sogar sehr gerne zuhört und sich die Wünsche und Träume der Menschen geduldig anhört. Manchen Passanten fehlt scheinbar der rechte Bezug zu diesem Ort. Sie schauen weg, ignorieren die Bank. Wer sich aber traut und sich hinsetzt, nimmt in der Regel immer etwas mit, wenn er wieder aufsteht. „Wir haben uns gesagt. Wenn die Leute nicht in die Kirche kommen, dann kommen wir zu den Menschen. So können wir für jeden Menschen da sein", erzählt Gemeindereferentin Susanne Kochannek. Sie oder ihre Kolleginnen nehmen jeden Sonntag auf der Bank Platz und „schauen mal, was dann so passiert. Manche reden viel, andere schweigen. Hier kann jeder machen, was er will. Hauptsache er fühlt sich wohl." Die Bank als Wallfahrtsort. Für Menschen, die Gott nah sein wollen. „So muss Kirche immer sein", sagt einer, der gerade aufsteht. Ein anderer findet es „einfach toll", dass man auf diese Weise mal über Sachen reden kann, die einem auf dem Herzen liegen. „Wir wollen nicht missionarisch rüberkommen, sondern einfach nur offen sein für alle Menschen", sagt Susanne Kochannek. Keine Frage: So viel Offenheit tut gut.

TIPP Einfach mal im Klosterladen am Klosterplatz 10 stöbern. Hier gibt's auch leckeren Kaffee.

🔘 Mobile Kirche, Bunnemannplatz, 33602 Bielefeld, Tel. (05 21) 16 39 82 40
www.citykloster-bielefeld.de
🔘 ÖPNV: Straßenbahn 1, Haltestelle Adenauerplatz

Wilde Kuh in der City

7 *Burger mit allerlei Schnickschnack*

Es duftet hier so lecker, dass man unwillkürlich sofort zur Speisekarte greift. Jetzt sind wir nur noch Minuten vom Burger, dem besten der Stadt, wie nicht wenige behaupten, entfernt. Zu verschmerzen ist, dass auf einem Begrüßungsplakat jeder Gast pauschal geduzt wird, denn gleichzeitig bekommt jeder Burger-Fan das Versprechen, dass alle Zutaten überwiegend regional eingekauft wurden. Das gilt selbstverständlich auch für den „Burger der Woche", der auf einer Schiefertafel täglich wechselnd farbenfroh angeboten wird. Als „Einzelgänger" erhältlich, mit einer Beilage heißt er „Wegbegleiter". In der Küche mit südländischem Flair wird alles frisch zubereitet. Garantiert! Wer es nicht glaubt, kann bei der Zubereitung ein Stück weit zuschauen. Damit beim Essen auch das richtige amerikanische Gefühl entsteht, sind die Wände mit zahlreichen US-typischen Motiven bestückt. Der Burger wird mit frischem Pflücksalat, Rucola und sonnengereiften Tomaten serviert, und schon beim ersten Biss wird klar, das Attribut „Bester Burgerladen der Stadt" könnte stimmen. Die Größe ist ausreichend, um satt zu werden. Der Geschmack kitzelt an sämtlichen Geschmacksnerven. Die Kombination aus herb und süß macht das Essen zu einem nachhaltigen Genuss. Wer Lust und Hunger auf etwas Besonderes hat, findet dazu auf der Karte dreierlei „Schnickschnack". Dann wird der Burger auf Wunsch und gegen Aufpreis im Salatblatt oder mit einem Gemüse-Patty serviert. Schließlich isst das Auge ja auch mit. Das i-Tüpfelchen ist die nette Bedienung, die sehr hilfsbereit und auskunftsfreudig den Besuch abrundet. Burgerläden gibt es mittlerweile wie Sand am Meer. Die Wilde Kuh aber bietet für gutes Geld auch sehr gutes Essen. Und das seit 2013 in „Liebefeld", wie die Eigentümer die Stadt auf der Speisekarte liebevoll nennen. Liebe zum Burger ist hier jedenfalls garantiert!

· ·

⊙ Wilde Kuh, Karl-Eilers-Straße 20, 33602 Bielefeld, Tel. (05 21) 94 93 84 13
⊙ ÖPNV: Straßenbahn 1, 2, 3, 4, Haltestelle Jahnplatz; Bus 25, 26,
Haltestelle Elsa-Brändström-Straße

Hier macht jeder den Abflug

8 *Der Flugplatz in Windelsbleiche*

In den Hallen auf dem Flugplatz Bielefeld stehen die schönen und die alten, die großen und die spektakulären Flieger. Selbst aus dem Jahr 1946 ist hier ein Doppeldecker zu sehen. Faszination pur für Flieger-Freunde. Die reine Freude für die Jugendlichen steht bereits auf der Stadtbahn: ein Segelflieger, festgezurrt an einer elektrischen Seilwinde. Kaum hat Jonah Platz genommen, schließt das Fenster. Die Gurte sitzen stramm, was wichtig ist. Denn Sekunden später zieht das Seil den scheinbar schwerelosen Segelflieger mit einer irren Geschwindigkeit in die Luft. Gefühlte 100 Stundenkilometer sind hier im Spiel. Das sorgt in der Magengegend schon mal für ein noch nie dagewesenes Kribbeln. Nach 15 Sekunden ist der Adrenalin-Kick vorbei und nach einem leisen Klicken und der Verabschiedung von der Seilwinde, ist es urplötzlich still. Ganz still. Unfassbar still. Und Jonah ist allein mit sich und der Natur. Ganz allein. Fast geräuschlos gleitet er durch die Luft – welch ein grandioser Glücksmoment. Die Leichtigkeit, mit der Segelflieger durch die Lüfte schweben, ist beeindruckend. Beeindruckend auch, dass er „bis zu 600 Kilometer weit fliegen kann", wie Fluglehrer Carsten Köhne erklärt. Das entspricht der Strecke von Bielefeld nach München. Einmal Herr der Lüfte sein und die scheinbar grenzenlose Freiheit genießen. Nirgends ist das so einfach wie hier am Flugplatz in Windelsbleiche. Und trotzdem fehlt es dem Verein an Nachwuchs. Dabei kostet das Ganze nicht mehr als die Mitgliedschaft in einem gewöhnlichen Fußballverein. Auch die Ausbildung ist kein Teufelswerk. Im Gegenteil: „Wir helfen den Jugendlichen, damit sie sicher fliegen können", verspricht Carsten Köhne. Für Autos gibt es den Führerschein mit 17 Jahren, für Motorräder etwas eher. Und beim Segelfliegen? Da kann man mit nur 14 Jahren und einer gültigen Fluglizenz bereits abheben. Und das sogar ganz alleine. Was könnte es Schöneres als Fliegen geben?

TIPP Neben der Flugschule kann hier auch ein traumhafter Rundflug über Bielefeld gebucht werden.

Flughafen Bielefeld, Am Flugplatz 1, 33659 Bielefeld, Tel. (05 21) 95 94 70
www.flugplatz-bielefeld.de
ÖPNV: Bus 135, Haltestelle Senne Flugplatz

August und Luise im Glück

9 *Das Weinparadies im schönen Westen der Stadt*

Noch weit vor dem Eingang zum Weinparadies treffen wir August und Luise. Beide sehr ansehnlich, wenn auch schon etwas in die Jahre gekommen. Und dennoch möchte Geschäftsführer Robin Apel nicht auf die beiden verzichten. Schließlich erweisen sie ihm selbst in hohem Alter wertvolle Dienste. August gehört seit 2015 zum Team des Weinparadieses und verfügt über reichlich Auslandserfahrung. Denn sein letzter Job war bei einer Segelschule im sonnigen Südfrankreich. Über Sprachkenntnisse verfügt er trotzdem nicht, was aber nicht seiner Faulheit geschuldet ist, sondern der Tatsache, dass es sich bei August um einen Citroen Hy aus dem Jahr 1968 handelt. August wurde zu einer mobilen Weintheke umgebaut und hilft Robin Apel dabei, die rund 600 Weinsorten des Weinparadieses in ganz Bielefeld zu vertreiben. Zusammen mit Luise, einer 2CV Kasten-Ente, ist er das optische Highlight des Geschäfts. Den Namen verdanken die beiden übrigens den Urgroßeltern des Geschäftsführers, der es verständlicherweise ganz passend findet, dass die Gründernamen nicht nur in dieser Form im Familienunternehmen weiterleben. Denn ähnlich wie nach den Großeltern Max und Lilly wurden auch nach August und Luise ausgewählte Weine benannt. Und die werden reichlich ausgeschenkt, wenn zu Beginn der Saison jedes Jahr feuchtfröhlich gefeiert wird. „Wir lassen uns jedes Mal etwas anderes einfallen", verrät Apel. Doch egal, ob das Motto „Wein und Fritten" oder „Pulle trifft Stulle" heißt: Der Besuch des Weinparadieses lohnt sich nicht nur an diesen Tagen. Was besonders Leckeres gibt es seit dem 150-jährigen Firmenjubiläum des Familienunternehmens. Weil der Weinhandel im 19. Jahrhundert mal eine Bonbonfabrik war, wird seitdem ein „leckeres Bömsken" ausgeschüttet. Ein kleiner Blick ins Lexikon klärt schnell auf: Bömsken ist der westfälische Ausdruck für Bonbon. Entsprechend fruchtig schmeckt diese Weinsorte, die es selbstverständlich auch als „Lüttes Bömsken" im 0,2-Liter-Format gibt.

TIPP Für Lecker-Schmecker gibt's was Prickelndes: das Bömsken, einen Perlwein aus Baden.

Weinparadies Hess, Siechenmarschstraße 24, 33615 Bielefeld, Tel. (05 21) 13 23 03
www.weinparadies-hess.de
ÖPNV: Bus 26, Haltestelle Friedrichstraße

Einfach zauberhaft

10   *Das Café im Cirkuswagen*

Man kann sich gut vorstellen, wie hier zu DDR-Zeiten die Zirkusfamilie gewohnt hat. Nach ihren Auftritten in atemberaubender Höhe sind sie mit Wohlfühlgefühl zurückgekehrt in die Behaglichkeit ihres Zirkuswagens. Mittlerweile hat der Wagen einen festen Standort und das Zuhause eine Renovierung bekommen. Und ähnlich wie im Zirkus wird auch hier gezaubert: Kaum hat man sich niedergelassen, entsteht ein Gefühl der Ruhe. Jeder findet zu sich selbst, weil er auch kaum etwas anderes finden kann. Zu klein ist der Raum, der dennoch Platz für Träumereien lässt. Auf Holzbänken, mit niedlichen Kissen dekoriert, schweift der Blick unwillkürlich aus dem Fenster auf den nebenanliegenden Hofladen. Weil der Magen knurrt, lohnt sich ein Blick in die Karte. Und dort findet sich unter anderem Deftiges zum Frühstück. Schnell bestellt, versüßt der hereinwehende Duft von Waffeln die Wartezeit. Dabei kann man die wunderbar wohltuende Gemütlichkeit entdecken, die bei der Gestaltung des Zirkuswagens innen und außen berücksichtigt wurde. Vor dem Wagen steht dekorativ eine Lampe aus der Lilli-Marleen-Hans-Albers-Zeit. Im Inneren ist jeder der wenigen Tische mit frischen gelb-roten Tulpen dekoriert, dazu ein rotweiß-kariertes Kissen – fertig ist der Lieblingsplatz. Wenig später dampft der frisch gebrühte Kaffee vor uns auf dem Tisch, serviert in einer kleinen, verzierten Tasse. Das Deftige kommt direkt aus dem Hofladen, wo garantiert frische Zutaten aus biologischem Anbau verwendet werden. Und Augen und Gaumen werden nicht enttäuscht. Ein Mehrkornbrötchen, das seinen Namen verdient und im Gegensatz zu seinen Kollegen aus den Backshops gut das Doppelte wiegt. Dazu Schinken und Salami, die zusammen mit einer Gewürzgurke das Ganze zu einem kleinen, deftigen Festschmaus machen. Die süßen Waffeln hinterher runden den Frühstücksgenuss ab. Der erste Eindruck hat nicht getäuscht: klein, aber ganz was Feines, das Café im Cirkuswagen.

TIPP   Geöffnet ist der Cirkuswagen dienstags bis samstags von 9 bis 18 Uhr.

○ Café im Cirkuswagen, Babenhauserstraße 30, 33619 Bielefeld, Tel. (05 21) 2 99 38 34
www.cafe-im-circuswagen.de
○ ÖPNV: Straßenbahn 3, Haltestelle Babenhausen Süd

Café im Circuswagen

SPEISEN

&

Glück, das süß schmeckt

11 *Dr. Oetker-Welt in der Puddingstadt*

Ganz ehrlich, gibt es einen genialeren Job, als Essenstester bei Dr. Oetker zu sein? Einfach die Bewerbung beim Pförtner abgeben und hoffen, dass das Handy klingelt. Dann zählt man nämlich zur Vorkoster-Elite, die monatlich die neuesten Produkte testen darf. Und das geht ganz einfach. Der Tester sitzt in einem kleinen Raum, damit ihn auch nichts ablenkt. Dann geht eine Klappe hoch, das Produkt wird reingeschoben. Der Tester kann essen und muss anschließend das Ganze bewerten. Das war es. Lecker, satt machend und kostenlos war es auch noch. Und der Tester weiß, was demnächst in den Regalen der Supermärkte steht. Ansonsten ist es hier ein bisschen wie im Fantasiefilm „Gullivers Reisen", in dem der kleine Gulliver die Welt plötzlich riesig groß erlebt. Statt in „Gullivers Welt" sind wir in der „Dr. Oetker Welt". Zwischen überdimensional großen Töpfen, in denen Teig maschinell geknetet wird, führt der Weg vorbei an einem drei Meter hohen Pudding. Sieht lecker aus, ist aber leider nicht zum Probieren, denn es ist ein Modell aus Plastik. Aber es wird noch leckerer: Eine riesige Maschine verteilt in Sekunden unzählige kleine Salamischeiben auf unzählige Pizzen. Um genau zu sein: „1,7 Millionen Pizzen werden hier am Tag hergestellt", klärt ein Mitarbeiter auf. Von hier aus werden sie dann in 40 Länder europaweit verschickt, wobei für jedes Land auf den richtigen Geschmack zu achten ist. Denn: andere Länder, andere Vorlieben. „Im Norden essen die Menschen lieber etwas herber, in Italien oder Spanien etwas süßer", erklärt der Mitarbeiter von vorhin. So bekommt jedes Land, was es mag. Wenig später weiht uns ein Mitarbeiter des Unternehmens in die Geheimnisse der Backkunst ein. Zaubern kann hier niemand, dennoch gelingen die Rezepte fast immer. Damit es in Zukunft auch zu Hause klappt, gibt es Infos rund um alle Produkte. Schließlich verspricht Dr. Oetker die Geling-zu-Hause-Garantie. Der Rundgang hier ist jedenfalls schon mal bestens gelungen. Vielen Dank!

TIPP Dr. Oetker sucht regelmäßig Vorkoster, die Produkte testen. Einfach beim Pförtner am Empfang melden.

○ Interaktive Dr. Oetker-Welt, Lutterstraße 14, 33617 Bielefeld, Tel. (05 21) 15 50
www.oetker.de
○ ÖPNV: Straßenbahn 1, Haltestelle Bethel

Luftige Glücksmomente

 12 *Der Kletterpark am Johannisberg*

Ganz schön luftig hier oben, so rund 15 Meter über der Erde. Und dunkel ist es auch. Ein kribbeliges Gefühl beschleicht einen. Am liebsten würde man stehen bleiben. Obwohl: Weiter geht's, passieren kann nichts. Denn Gürtel und Seile sorgen dafür, dass selbst hier oben ein absolutes Gefühl der Sicherheit entsteht. Und trotzdem: Spannend ist es schon – beim Nachtklettern im Kletterpark am Johannisberg. Was tagsüber schon aufregend ist, wird am späten Abend zum Abenteuer. Trotz einer sehr umfangreichen Einweisung vorab, wird jeder Schritt in dieser Umgebung zum Erlebnis. Alles wackelt. Wenn dann auch noch die Arme bibbern, ist die Zitterpartie perfekt. Allerdings ist auch zu später Stunde die Sicht einwandfrei, denn dank einer Stirnlampe sieht man eigentlich genauso gut wie am Tage. Teamleiter Kai Richtsmeier macht Mut, gibt Tipps und wertvolle Hilfen, vor allem dann, wenn es mal nicht richtig weitergeht. „Kommen Sie, ich nehme Sie an die Hand und klinke Sie bei mir ein", sagt er. Dieser Annäherungsversuch sorgt bei Ellie, die mit ihren gut 70 Jahren zum ersten Mal einen Kletterpark erwandert, für ein wohliges Bauchgefühl. „Mir war schon etwas kribbelig im Magen.

TIPP Mehr Fitness geht immer: Neben dem Kletterpark ist noch eine Trimm-Dich-Strecke.

Aber Kai ist super. Durch ihn fühle ich mich sicher." Wer möchte, kann noch eine Etage höher steigen. Da an diesem Abend aber ausschließlich Anfänger am Start sind, reicht der Höhenflug auch so. „Beim nächsten Mal gehe ich ganz nach oben", kündigt selbst Ellie an. Richtsmeier schmunzelt: „Mal abwarten, bis das Adrenalin nachlässt. Dann ist die junge Dame auch so zufrieden und glücklich, dass sie das geschafft hat." Nach dem perfekten Abstieg gibt es noch eine kleine Stärkung. „Das machen wir danach immer. Machen wir das vor der Kletterei, müssen alle die zusätzlichen Pfunde ja mitschleppen."

Kletterpark am Johannisberg, Am Johannisberg 5, 33615 Bielefeld, Tel. (0 52 32) 69 99 20
www.interakteam.de/kletterpark/kletterpark-bielefeld
ÖPNV: Bus 24, Haltestelle Bauernhausmuseum

Dieser Weg lohnt sich!

⑬ *Hofcafé zur Müdehorst in Schröttinghausen*

Viele Wege führen nicht nur nach Rom, sondern auch zum idyllisch gelegenen Hofcafé zur Müdehorst. Aber Vorsicht! Einige Wege gehen auch daran vorbei. Denn das Café liegt an einer Landstraße, von der man in einer Kurve abbiegen muss. Nicht wenige verpassen die Ausfahrt, und ein beeindruckendes Erlebnis bleibt ihnen vielleicht für immer vorenthalten. Einer der Wege, die vor allem Lauffreudige ans Ziel bringen, startet an der Endhaltestelle der Linie 3. „Von da aus führt ein sehr schöner Weg durch die Natur in rund einer Dreiviertelstunde zu uns", verrät die Besitzerin des malerisch gelegenen Cafés, Dorothea Meyer zur Müdehorst. Ihr Café besticht durch architektonische Klarheit und gleichzeitig durch Ursprünglichkeit, die nur noch selten zu finden ist. Zuerst schreitet man durch ein riesiges, altes Deelentor, erst dann öffnen sich im Café verschiedene Räume mit hohen Decken und charmantem Charakter, die den Umbau vor zwölf Jahren überlebt haben.

Um eine Vorstellung des früheren Anwesens zu bekommen, haben die einzelnen Bereiche des Cafés ihre frühere Bezeichnung behalten. Besonders voll ist an diesem Tag der „Kuhstall". Ein kleiner Raum im Westflügel des Gebäudes, gemütlich und ursprünglich erhalten. Kein Wunder, denn zum „besten Käsekuchen der Region", wie viele Besucher glaubwürdig versichern, gibt es einen Weitblick auf Wiesen und Felder gratis dazu, also nicht nur Leckereien für den Magen, sondern auch Ruhe und Entspannung fürs Auge. „Wenn man nur lange genug aus dem Fenster schaut, sieht man allerlei Tiere: Ziegen, Rehe und Hasen. Die hoppeln hier alle vorbei", sagt die Chefin. Gerade für Kinder ist das Hofcafé deshalb ein kleines Paradies. Und die protestieren nicht, wenn Mama und Papa irgendwann zum Heimweg aufbrechen wollen, denn für die Kleinen gibt es von Dorothea Meyer zur Müdehorst immer etwas Süßes als Proviant mit auf den Weg.

● Hofcafé zur Müdehorst, Schröttinghauser Straße 75, 33739 Bielefeld, Tel. (05 21) 2 99 37 85
www.hofcafe-zur-muedehorst.de
● ÖPNV: Straßenbahn 3, Haltestelle Babenhausen Süd

Lecker, der kleine Dicke

14 *Der Seekrug am Obersee*

Da liegt er vor einem: der Pickert. Das ist die leckere Bielefelder Variante des Pfannkuchens, nur dicker und etwas kompakter. Und wo könnte man diesen kleinen Dicken besser essen als im Seekrug am Obersee. Dieses historische Fachwerkhaus hat gleich auf den ersten Blick so etwas Gemütliches an sich. Etwas, das einem einfach sagt: Hier muss man eine Pause machen und am besten den Pickert probieren. Denn hier gibt es ihn in gleich mehreren Variationen. Den Pickert für „Vorwech", wie der Ostwestfale sagt. Also als Vorspeise: „süß", „deftig", „Bruschetta" und „Nordisch". Und wer noch nicht genug hat, kann ihn anschließend in der Hauptspeisen-Version bestellen. Die Karte ist auch hier recht üppig, in gleich neun verschiedenen Geschmacksrichtungen wird er angeboten, dabei auch die männliche Version mit Schnibbelschinken, zwei Spiegeleiern und Schmand. Und wer dann noch immer nicht genug hat, kann ihn als Nachspeise bestellen, unter anderem mit hausgemachtem Apfelmus. Pickert, Pickert, Pickert, so weit das Auge reicht und der Magen Platz hat. Das mit dem Platz dürfte sich recht schnell erledigt haben. Denn der Pickert, in der Grundform ein Hefeteig mit Kartoffeln und Rosinen, kommt pro 100 Gramm auf stattliche 344 Kalorien. Und weil der Bauch nach einem solchen Essen definitiv gut gefüllt sein dürfte, wäre doch ein bisschen Sport nicht schlecht. Keine Panik! Nichts Anstrengendes, aber Bewegung kann ja nicht schaden. Wir verlassen den Seekrug, gehen rund 100 Meter und sehen komische Eisenkörbe auf Stangen. Schnell erklärt: Wir nehmen uns einige Frisbeescheiben und probieren, sie in die erwähnten Körbe zu werfen. Auch wenn es nicht gleich klappt, egal, wir haben immerhin ein paar Pickert-Kalorien abgebaut. Neudeutsch heißt der Spaß übrigens „Discgolf". Das Sportliche daran: Die einzelnen Bahnen, auf denen gespielt wird, sind bis zu 165 Meter lang. Wer sich alle 14 davon gönnt, dürfte kalorientechnisch mit sich im Reinen sein.

○ **Seekrug am Obersee, Loheide 22 a, 33609 Bielefeld, Tel. (05 21) 8 10 81**
www.seekrug.com
○ **ÖPNV: Bus 31, Haltestelle Talbrückenstraße**

34

Alle Tassen im Schrank

 15 *Café Künstlerei im Bielefelder Westen*

Ein Wunder, dass das Cafe Künstlerei noch Tische und Stühle hat, denn hier ist alles zu kaufen. Gefällt es, kann gefeilscht und gekauft werden, was nicht niet- und nagelfest ist. Wer also schon mal hier war, wird sich immer wieder wohlfühlen, nur vermutlich auf anderem Mobiliar oder trinkt zumindest aus immer wieder anderen Tassen. Und wer auf Stühle mit Jeanshosenoptik-Überzug steht, wird hier im Café fündig. Und zwar genauer gesagt im Atelier, das sich im Raum hinter Kaffee und Kuchen befindet. Hier findet der Kunstliebhaber allerlei, was er beim Betreten des Cafés wohl kaum erwartet hätte: Eine Familie, die in der Bademode aus dem letzten Jahrhundert wohl sehr gerne baden gehen würde. Hören kann diesen Wunsch allerdings niemand, die Damen und Herren sind aus Ton. Sie warten aber ebenso auf einen Käufer wie die wunderbar bunten Bilder mit Menschen aus Südamerika. Die Liebe zum Detail macht die Ausstellungsstücke im Atelier von Anna Johanntoberens so besonders. So wurde eine Mama, die ihren Kinderwagen schiebt, sehr genau aus Ton nachgebildet: Wickeltasche mit Babyflaschen inklusive, und selbst das Handy am Ohr darf heute scheinbar nicht

TIPP *Das schwäbische Seelenfrühstück ist die Spezialität - jeden ersten Sonntag im Monat ab 10 Uhr.*

fehlen. Bei so viel Kunstliebhaberei darf der Blick für das Leckere nicht verloren gehen. Und das ist ja für viele immer noch Kaffee und Kuchen. Schließlich kommt im Namen erst das Café und dann die Künstlerei. Doch nicht nur der Kuchen ist zu empfehlen, sondern auch die gute alte Stulle. Neben der profanen Klappstulle mit Frischkäse, Gurke, französischer Tomate und Rucola, gibt es außerdem noch die Stullen Steffi, Silja und Vegani. Zumindest bei der letzten lässt sich Geschmack und Äußeres recht gut vom Namen ableiten. Das ist bei Steffi und Silja deutlich schwerer, also probieren. Wenn im Café mal Tassen im Schrank fehlen: Kein Problem, die hängen ja recht dekorativ an der Fensterseite und können bei Bedarf sicherlich zweckentfremdet werden – ganz im Sinne der Kunst.

○ Café Künstlerei, Turmstraße 10, 33615 Bielefeld, Tel. (05 21) 38 49 99 40
www.cafe-kuenstlerei.de
○ ÖPNV: Bus 25, Haltestelle Siegfriedstraße

Wie von Gott geschaffen

 Botanischer Garten am Kahlenberg

Einfach nur liegen. Hier, auf dem kurz geschorenen Rasen. Die Sonne scheint ins Gesicht, und um uns herum leuchtet ein buntes Farbenmeer. Sorgenfrei und voller Vorfreude fällt es hier leicht, die Natur zu genießen. Eigentlich könnte man auch liegen bleiben, so unbeschwert ist der Moment. Und doch lässt einen die Neugier aufstehen, um zu erleben, was einen hier umgibt. Ein Fest für die Sinne: Blumen in tausend Farben – rot, gelb, orange, blau, weiß … Hier kommt das Auge zur Ruhe und erfreut sich an der Pracht. Die Nase atmet tief den Duft der Blütenvielfalt ein, gekrönt von einem leisen Zwitschern, das aus den benachbarten Bäumen kommt. Rhododendren, Azaleen und sogar Kamelien aus China wachsen an diesem, vielleicht schönsten Fleckchen Erde der Stadt. Die Artenvielfalt der Pflanzen ist atemberaubend. Rund 3000 aus aller Welt teilen sich die vier Hektar große Fläche. Kein Wunder, dass viele Familien dieses Plätzchen für ein Picknick nutzen. Wenn sie leise genug sind, hören sie plötzlich im höheren Gras ein Rascheln. Ein gelb-schwarzer Feuersalamander ist auf Beutefang. Er hält inne, dreht kurz den Kopf, schnappt sich seine Beute und ist ebenso schnell verschwunden, wie er kam. Zeit, um sich wieder der Natur zu widmen und den Kopf zu heben, denn dann fällt der Blick auf das Herzstück des Botanischen Gartens. Ein altes westfälisches Fachwerkhaus aus dem Jahr 1823, das sich harmonisch in die Landschaft einfügt. Der angrenzende Pavillon dient als Ort der Entspannung. Besucher können sich hier kurz ausruhen, während die Kinder im angrenzenden Spielplatz nach Herzenslust toben. Aus der Ferne ertönt der Klang mehrerer Akkordeons. Was für ein schöner Ort, der in diesem Augenblick eine wohltuende musikalische Untermalung erfährt. Zu schade, dass hier nur gelegentlich Konzerte stattfinden. Denn was gäbe es Schöneres, Auge und Ohr gleichermaßen zauberhaft zu begeistern?

TIPP Der Botanische Garten hat an jedem Tag rund um die Uhr geöffnet und ist kostenlos.

Botanischer Garten, Am Kahlenberg 16, 33617 Bielefeld, Tel. (05 21) 51 31 78
www.bielefeld.de/de/un/boga
ÖPNV: Straßenbahn 1, Haltestelle Bethel; Bus 28, Haltestelle Langenhagen

Rot, herzhaft, lecker

 17 *Die Gemüselust liebt vor allem Tomaten*

Schwarze Krim, Ochsenherz, Green Zebra oder Schwarze Pflaume – wem bei diesen Begriffen nicht gleich die Erleuchtung kommt, braucht sich nicht zu wundern. „Das geht fast den meisten Kunden so", sagt Theis Klingelhöfer, Geschäftsführer der Gemüselust. Nur die Experten wissen, dass es sich dabei um Tomatensorten handelt. Dabei ist das rote Gemüse so gesund. „Tomaten sind Multitalente. Sie können Krebs hemmen und sind gut für das Herz", gerät Klingelhöfer regelrecht ins Schwärmen. Und er erklärt weiter: „Die Tomate hat viel Vitamine: C und B. Ihr Eisen liefert Energie, und die Folsäure schützt vor Arterienverkalkung und stärkt das Immunsystem." Bei so viel Gutem muss man doch gleich in dieses Powerpack hineinbeißen. „Lecker, so saftig und vollmundig im Geschmack", bestätigt auch Ricardo Valdes das Geschmackserlebnis. Der Chilene muss es wissen, denn schließlich baut er in seiner Heimat ebenfalls Tomaten an. „Aber so eine große Plantage habe ich in meinem Leben noch nicht gesehen", staunt er. Kein Wunder: Tomaten, so weit das Auge reicht. Klingelhöfer und sein Team haben sich darauf spezialisiert. Auf mehreren Hektar wachsen hier die Pflanzen.

TIPP Wer Gemüse probieren will: Beim Hoffest ist jeder willkommen.

Und für jeden ist etwas dabei. Wer einen Balkon hat, kauft Balkontomaten. Wenn es etwas mehr sein darf, gibt es Freiland- oder historische Tomaten. Und wer nicht weiß, was es zum Abendessen geben soll, für denjenigen hat die Gemüselust „besonderes Gemüse für außergewöhnliche Vorspeisen" im Angebot. Als da wären: Die Melonengurke, eine Gurke, die wie Melone schmeckt. Ein Hingucker ist die weiße Fingeraubergine. Sie ist optisch ein Highlight, geschmort in der Pfanne ein Genuss. Auf Wunsch gibt es diese Leckereien hier zum Probieren. Schließlich isst das Auge ja mit. Und gut für die Umwelt sind sie auch noch. „Wir achten auf Nachhaltigkeit. Unter anderem haben wir die Verpackung und Etiketten auf 100 Prozent Recycling-Kunststoff umgestellt", erklärt Theis Klingelhöfer. Und so bekommt man richtig Lust aufs Gemüse – nicht nur, weil es so gut schmeckt.

Gemüselust, Kampheide 12, 33619 Bielefeld
www.gemueselust.de
ÖPNV: Bus 58, Haltestelle Kampheide

Wo Feinripp zur Kunst wird

 18 *Die Kunsthalle zeigt Rodin und Munch*

Wer die Seele baumeln lassen möchte und Kunst genießen will, ist hier genau richtig. Die hohen Räume der Kunsthalle verleihen dem Gebäude eine angenehme Leichtigkeit, die die Wirkung der einzelnen Exponate nachhaltig unterstützt. Jedes Gemälde bekommt eine eigene Wand, Platz genug, sich zu entfalten. Sicherlich muss man manchmal länger vor einem Kunstwerk stehen bleiben, um dessen wahre Schönheit genießen zu können. Bunte Farben scheinen auf einmal lebendig zu werden, Strichzeichnungen erwachen zum Leben. Wie glücklich müssen die Künstler gewesen sein, dass sie dieses großartige Gefühl an den Betrachter weitergeben können. Zweifellos ist Kunst vielfältig. So erwartet einen in der ersten Etage eine Sammlung von Martin Margiela, die erst beim zweiten oder dritten Blick deutlich wird. „Jeder hat sie wohl schon mal getragen", hilft eine freundliche Mitarbeiterin auf die Sprünge, wenn einem beim Anblick der runden Werke nicht gleich die Erleuchtung kommt. „Der Künstler hat hier Feinripp-Unterwäsche verarbeitet", klärt sie wenig später auf. Kunst ist, was gefällt und glücklich macht. Wie auch im nächsten Raum, in dem sich eine überdimensional große hölzerne Fingerkuppe mit rotem Nagellack offenbart. Über deren Aussage kann nur spekuliert werden. Selbst die Mitarbeiterin von vorhin will sich da nicht festlegen. „Da kann sich jeder selbst ein Bild machen." Aber auch das Abschweifen der Gedanken kann entspannend und anregend zugleich sein. Beachtlich sind in jedem Fall die Namen der Künstler, die hier in der Kunsthalle vertreten sind. Die Palette reicht von Auguste Rodin über Edvard Munch bis zu Germaine Richier, der mit seinem Don Quichotte schon in anderen Kunsthäusern für Begeisterung sorgte. Verlässt man die Räumlichkeiten wieder, nimmt man auf jeden Fall etwas mit: etwas Künstlerisches, etwas Beglückendes. So soll Kunst sein.

TIPP *Von Edvard Munch bis Auguste Rodin – ein Besuch lohnt sich auch für Kunst-Anfänger.*

● Kunsthalle, Artur-Ladebeck-Straße 5, 33602 Bielefeld, Tel. (05 21) 32 99 95 00
www.kunsthalle-bielefeld.de
● ÖPNV: Straßenbahn 1, Haltestelle Adenauerplatz

Einzig, aber nicht artig

19 *Der Partikel im Neustädter Viertel*

Wer etwas ganz Besonderes, Ausgefallenes, Einzigartiges, Seltenes oder Kostbares sucht, der ist im Partikel genau richtig. Hier gibt's Geschenke, die es anderswo garantiert kaum gibt. Den Satz: „Habe ich schon" muss niemand befürchten, wenn er sein Geschenk im Partikel gekauft hat. Alles hier ist entweder ein Unikat, nur in limitierter Auflage erhältlich, oder so individuell, dass eine Doppelung fast ausgeschlossen ist. Wer zum Beispiel für sein Leben gern kickert, sein Leben aber auf 30 Quadratmetern verbringen muss, für den gibt's hier die perfekte Lösung: den Faltkickertisch „Ewald" zum Zusammenklappen. Das eigene Label „FlattishFold" optimiert auch Tische und Stühle für Menschen mit wenig Platz, aber gutem Geschmack. Katja und Lars Führmann haben den Blick für das Besondere und deshalb zwei eigene Labels gegründet. Katja hat sich die ehemalige Bielefelder Postleitzahl genommen und bringt unter „4800" Accessoires heraus, darunter Unikate wie die Taschen aus Ananas-Leder, garantiert aus biologischem Anbau. Nachhaltigkeit wird hier ganz großgeschrieben. „Denn Design ist das eine, der Schutz der Umwelt das weitaus Wichtigere", betont Katja Führmann.

TIPP *Im Partikel gibt es das Einzigartige, das Außergewöhnliche. Wer Geschenke sucht, wird hier fündig.*

Und was ihr gerade mal nicht selbst einfällt, kauft sie in Ausnahmefällen ein. Stark limitierte, sehr spezielle Kartenspiele gehören ebenso dazu wie handgearbeitete Schriftbecher, von denen jeder als Unikat verkauft wird.

Probleme beim Einkauf mit dem Fahrrad gibt es dank des Partikel-Sortiments auch nicht mehr. Denn Cobags ist die zusammenfaltbare Radtasche, die bei Bedarf beidseitig und verblüffend stabil aufgeklappt werden kann. Lars' Label setzt sich aus den Anfangsbuchstaben zusammen: „LFT" – Lars Führmann Tischlerei – bietet Wohn- und Arbeitseinrichtung. Natürlich wie alles hier: individuell, einzigartig und ausgefallen. Aber immer nach Wunsch des Kunden hergestellt.

◉ Partikel, Neustädter Straße 6 a, Neustädter Straße 6, 33602 Bielefeld, Tel. (05 21) 9 87 59 49, www.partikel-bielefeld.com
◉ ÖPNV: Straßenbahn 1, Haltestelle Adenauerplatz

Wunderbar anders

 Café Wunderbar an der Arndtstraße

Schon bei der Ankunft wird schnell klar, warum das Café so heißt: Der Anblick ist einfach einzigartig und so nicht zu erwarten. Bis in den späten Abend hinein stehen die Menschen auf der Straße und schauen gebannt zum Café Wunderbar. Wenig später erschallt ohrenbetäubender Lärm. Der Grund für diesen Orkan der Begeisterung findet sich an der Theke der Wunderbar, wie das Café in Bielefeld nur genannt wird. Genauer gesagt oberhalb der Theke. Auf einem der insgesamt drei Bildschirme läuft Fußball, Arminia Bielefeld um genauer zu sein. Der Verein der Stadt. „Und wenn dann ein Tor fällt, bricht hier alles zusammen. Wildfremde Menschen liegen sich in den Armen, jubeln und trinken ein Bierchen zusammen. Ein wahrhaft beeindruckendes Erlebnis", erzählt Inhaber Valter Domingos, dem das Café seit mehreren Jahren gehört. An diesem Abend dreht sich hier alles um Fußball. Der verrückte Chef erfindet sogar regelmäßig neue Gerichte, die „natürlich was mit Fußball zu tun haben". So steht seit geraumer Zeit auf der Speisekarte: „5:1-Nürnberger Würstchen" nach einem 5:1 der Arminia in Nürnberg. Erst spät in der Nacht ist die Straße vor der Wunderbar wieder leer und die Personenzahl in dem Café überschaubarer. Soul Musik und angeregte Gespräche – mitten in der Nacht herrscht hier Feierabendstimmung. Da lohnt ein Blick auf den nächsten Morgen. Da hat die Wunderbar einen gänzlich anderen Charakter: ruhige, entspannte Atmosphäre. Familien mit kleinen Kindern nehmen in aller Ruhe ein leckeres Frühstück ein. Plötzlich fällt ein Teller auf den Boden. Scherben, Schmierereien, die hier niemanden stören. „Das gehört doch dazu, wenn Kinder hier sind", lacht Domingos, dem man nicht ansieht, dass das Ende seiner Nachtschicht gerade erst fünf Stunden vorbei ist. Hier fühlt sich jeder wohl, jeder ist willkommen – egal zu welcher Uhrzeit. Einfach wunderbar.

TIPP Wer Fußball mag, wird die Wunderbar lieben. Hier kann man herrlich im Rudel schauen.

▸ Café Wunderbar, Arndtstraße 21, 33615 Bielefeld, Tel. (05 21) 12 34 16
www.wunderbar-bielefeld.com
▸ ÖPNV: Bus 25, 26, Haltestelle Elsa-Brändström-Straße

Als Bielefeld aufblühte

 Die Wäschefabrik war der Stolz der Stadt

Für einen Moment steht die Zeit still. Wohltuend still. Hier, an dem Ort, der Bielefeld zu Beginn des letzten Jahrhunderts reich und berühmt gemacht hat, an dem es zu Wohlstand gekommen ist und vielleicht erst zu dem wurde, was es heute ist. Denn im Bielefelder Wäschemuseum, das damals eine Näherei war, wurden die Blusen, Hemden, Decken und Stoffe genäht, die aus der Stadt am Teutoburger Wald in alle Welt verschickt wurden. Die Wäschefabrik war über Jahrzehnte der Stolz nicht nur der ganzen Stadt, sondern der ganzen Region. Hier entstanden Arbeitsplätze, hier pulsierte das Leben. Lauscht man heute den Worten von Renate Waltersdorf, die sich liebevoll um das Museum kümmert und an der Kasse sitzt, taucht man ein in Bielefelds große Zeit Anfang des letzten Jahrhunderts. Auch wenn sie selbst natürlich nicht dabei war, braucht man nur die Augen zu schließen, und schon nimmt sie die Besucher mit auf eine kleine gedankliche Zeitreise. Damals, um 1913, als das Wäschemuseum noch eine Wäschefabrik war und rund 280 Näherinnen in dem großen Raum hinter dem Eingang die Stoffe nähten, die sie aus der Ravensberger Spinnerei bekamen. „Das Leinen kam aus der Senne und wurde dann mit der Kutsche in die Spinnerei gefahren. Aus dem gesponnenen Leinen wurde hier das Endprodukt gefertigt", erzählt Renate Waltersdorf. Noch heute weht ein Hauch von Nostalgie durch den Nähsaal. Die alten Maschinen stehen in Reih und Glied nebeneinander. Gut vorstellbar, wie hier früher gearbeitet wurde. Nebenan liegt meterweise Tuchware, und im Obergeschoss wird so richtig aus dem Nähkästchen geplaudert. Aus einer Box dröhnt eine Stimme aus den 30er-Jahren, und eine Näherin von damals verkündet: „Hundert Hemden pro Tag nähen? Bah, eine Kleinigkeit ist das." Eine gewaltige Schlagzahl, die die Damen leisten mussten. „Für mich ist schon Bügeln eine Zumutung", grinst Renate Waltersdorf.

TIPP In den Schulferien spannende Themen für Kinder, Infos bei Annett Barthel unter Tel. (05 21) 2 70 11 36.

Wäschemuseum, Viktoriastraße 48 a, 33602 Bielefeld, Tel. (05 21) 6 04 64
www.museum-waeschefabrik.de
ÖPNV: Straßenbahn 1, 2, 3, 4, Haltestelle Rathaus

Eine Stadt in Partylaune

22 *Leineweber-Markt in der Altstadt*

Was wohl der Leineweber auf seinem Denkmal in der Altstadt so denkt, wenn er immer im Mai das fünftägige Treiben verfolgt, wo die Menschen ihm zu Ehren ein Fest feiern – den Leineweber-Markt. Er selbst leuchtet mal in blauer, mal in roter Farbe, ganz wie es ihm gefällt, angestrahlt von einem Scheinwerfer in der Nähe. Immerhin hat er einen hervorragenden Blick auf das kleine Riesenrad, das in unmittelbarer Nähe vor allem den Kindern großen Spaß macht. „Mami, können wir eine Zehnerkarte kaufen." Für die kleine Isabell ist Rundendrehen das Größte, ihre Mutter genießt in der Zeit lieber die Zuckerwatte am Stand daneben und lauscht der Musik, die vom Alten Markt herüberschallt. Zurück zum Leineweber: Könnte er sich umdrehen, würde er die zahlreichen Buden erblicken, die allerlei Leckeres anbieten. Und praktischerweise sollten Eltern genau dort stehen, damit sie ihre Kinder in den vielen Kinderkarussells beobachten können. Weiter führt der Weg zum Jahnplatz. Hier ist schon von Weitem zu hören, was einen erwartet. Vor einer großen Bühne warten Hunderte auf ein Konzert – draußen und kostenlos. Dabei bedarf es eigentlich keiner gesonderten Musikveranstaltung, schließlich hat fast jeder Stand seine eigene Melodie. Dudelei gibt es an diesen Tagen überall. Auch natürlich vor dem Rathausplatz, der zum alternativen Party-Hotspot wird. Mit Musik für den etwas ausgefalleneren Geschmack. Gefühlt ist an diesen Tagen ganz Bielefeld auf den Beinen. Mit 400 000 Besuchern ist es das zweitgrößte Fest in der Region. Und alle genießen das Festivalflair, Street-Food-Markt inklusive. Niemanden stört es groß, dass es in dieser Zeit in der Altstadt deutlich belebter ist als sonst üblich. Da soll noch einer sagen, der Ostwestfale könne nicht feiern. Und der Leineweber? Der blickt ungerührt auf das bunte Treiben und steht dafür aber gern für ein Selfie zur Verfügung. Schließlich sollen die Partygäste an diesen fünf Tagen im Mai ja wissen, wem sie diesen Spaß zu verdanken haben …

● Leineweber-Markt, in der Altstadt und auf dem Jahnplatz, 33602 Bielefeld
● ÖPNV: Straßenbahn 1, 2, 3, 4, Haltestelle Rathaus

Bielefeld gibt es doch!

23 *Der Gedenkstein am Altstädter Kirchplatz*

Da liegt er. Fast unscheinbar. Ein Plätzchen am Rand des Altstädter Kirchplatzes haben sie ihm gegeben. Unweit des Leineweber-Denkmals. Deshalb widerfährt ihm eine gewisse Aufmerksamkeit, weil er doch so wichtig ist. So wichtig für das Selbstverständnis aller Bielefelder, aller gebürtigen und zugereisten auf jeden Fall. Der Gedenkstein, der endgültig Schluss macht mit dem Ohrwurm, dem jeder Bielefelder seit rund 25 Jahren ausgesetzt ist. Egal, wo und wann, hört er außerhalb der Stadt immer wieder den einen Satz: „Bielefeld gibt es doch gar nicht." Was für ein Glück, dass es den Gedenkstein nun endlich gibt und er in letzter Instanz beweist, dass die Stadt tatsächlich existiert. Sonst könnte der 600 Kilogramm schwere Findling ja nicht hier liegen. Die Idee dazu hatte das Stadtmarketing. Denn eine Stadt zu vermarkten, die es nicht gibt – sagen wir mal so: Es gibt leichtere Aufgaben. Zu verdanken hat die Stadt ihre angebliche Nichtexistenz einem Kieler Studenten, der sich völlig ohne Hintergedanken 1994 einen Scherz erlaubte und im Internet über Bielefeld schrieb. „Als ich diese Satire veröffentlichte, wollte ich mich über Verschwörungstheorien lustig machen. Nicht aber über Bielefeld", schmunzelt Achim Held. Den folgenschweren Nebensatz, dass es Bielefeld nicht gibt, schleppte die Stadt insgesamt 25 Jahre mit sich herum. Zum Jubiläum versprach die Stadt 2019 nun demjenigen eine Millionen Euro, der die Nichtexistenz Bielefelds beweisen könne. Der Preis war lukrativ, es kamen Beiträge aus der ganzen Welt, der weiteste aus Kanada, aber auch Japaner, Inder und Amerikaner versuchten ihr Glück. Selbst Zeitungen aus Neuseeland berichteten auf einmal über Bielefeld. Den Beweis konnte selbstverständlich niemand antreten. Dafür liegt jetzt ja der Findling da, quasi als Gegenbeweis zur Bielefeld-Verschwörung. Denn die gab es nun wirklich nicht. Steht jedenfalls auf dem Stein. Wer den Gegenbeweis antreten will. Bitte schön!

••

◉ Gedenkstein, dass Bielefeld doch existiert, Altstädter Kirchplatz, 33602 Bielefeld
◉ ÖPNV: Straßenbahn 1, 2, 3, 4, Haltestelle Rathaus

So ein Aroma macht glücklich

 24 *Kaffeewelt Eisbrenner in Altenhagen*

Allein der Duft, der einen hier empfängt, wenn man den weiten Weg in den äußersten Bielefelder Nordosten hinter sich hat, ist beeindruckend. Man schließt die schwere Holztür und fühlt sich verzaubert, wie in einem anderen Teil der Erde. Überall sieht und riecht man nur eines: Kaffee, Kaffee und noch mal Kaffee. Wer sich bislang mit dem einfachen Discounter-Kaffee zufriedengegeben hat, der wird hier als Kaffeegenießer rausgehen. Denn auch für Angelika Eisbrenner war Kaffee lange Zeit nur ein Genussmittel am frühen Morgen, um wach zu werden. Erst bei einem Trip nach Jamaika, bei dem sie eigentlich Land, Strand und Leute kennenlernen wollte, kam sie so richtig auf den Geschmack. Sie war fasziniert von den Kaffeeplantagen und dem vollaromatischen Kaffee, der dort ausgeschenkt wurde, „Das will ich auch haben. So etwas muss es auch in Bielefeld geben", sagte sie sich und schuf sich ein kleines, feines Kaffeeparadies. Ein Morgen ohne Espresso? Muss nicht sein. Die Kaffeewelt hält acht verschiedene Sorten bereit. Von Äthiopien bis Papua-Neuguinea, quasi für jeden Tag eine andere Geschmacksrichtung. Fast unglaublich, aus wie vielen Ländern der Kaffee importiert wird. Darunter sind Länder wie Thailand, mit denen man wohl eher Strand und Palmen verbindet. Aber Kaffee? Wer es lieber südamerikanisch mag. Bitte sehr: „Wir haben auch Bohnen aus Brasilien, Costa Rica, Guatemala und Kolumbien im Angebot." Weiter geht die Kaffeefahrt. „Auch die mexikanische Arabicabohne schmeckt gut." Stimmt, vor allem bei Schokolade- oder Zitronenfans. Denn genau diese Aromen schmeckt man schon beim ersten Schluck. Über Nicaragua, Peru und Panama geht die Weltreise weiter nach Indien, Sumatra und eben Thailand. Endstation dieser Aroma-Reise ist Bielefeld-Altenhagen, wo es zum Glück all diese feinen Kaffee-Schätze gibt – auch ohne die große Weltreise antreten zu müssen.

 **Kaffeewelt Eisbrenner, Altenhagener Straße 272, 33729 Bielefeld, Tel. (05 21) 9 62 91 47**
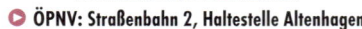 **www.kaffeewelt-eisbrenner.de**
ÖPNV: Straßenbahn 2, Haltestelle Altenhagen

Hier blüht einem was

 Die Kirschblüten-Allee im Bielefelder Osten

Klick, klick, klick. Wer die Augen schließt und nur den Geräuschen lauscht, hört eine Mischung aus Vogelgezwitscher und dem Klicken zahlreicher Fotoapparate. Öffnet man die Augen, sind natürlich auch zahlreiche, in die Luft gehaltene Handys zu sehen. Der Moment ist kostbar und will festgehalten werden, denn er dauert nicht wirklich lange, maximal einen Monat. Vielleicht etwas länger. Wer bei dieser Schilderung sofort an Japan denkt, liegt nicht ganz verkehrt. Denn die etwa einen Kilometer lange Straße Auf dem Langen Kampe erinnert vor allem von April bis Mai an den Zauber von Fernost. Wunderschöne Kirschbäume in Rosa schmücken die Straße. Ein wahrer Blütentraum, der die Reise nach Japan durchaus sparen kann, so schön ist es hier. Die japanische Kirschblüte sieht in diesen Tagen nicht nur traumhaft schön aus, sie duftet auch verführerisch. Glück also, das man hier sehen und riechen kann. Kein Wunder, verwandeln doch rund 240 japanische Kirschbäume die Gegend in eine asiatische Traumlandschaft. Ein Blütenmeer in Rosa und Lila. Wer hier entlanggeht, bekommt einen nachhaltigen Eindruck, wie es in Japan aussehen kann. Kein Wunder, dass einige Vorbeischlendernde die Augen wieder schließen, um diesen Moment voller Eleganz in sich aufzusaugen. Doch leider vergeht er viel zu schnell wieder. Spätestens Ende Mai hat man nur noch eine Ahnung von der Einmaligkeit, die diese Straße im Osten der Stadt für mehrere Wochen umgeben hat. Kein Wunder also, dass in der Blütezeit viele Bielefelder ihren ganz speziellen japanischen Moment im Bild festhalten möchten. Schließlich ist die Kirschblüte für die Japaner der Inbegriff von Schönheit einerseits, sie steht aber auch für Aufbruch und Vergänglichkeit. Also, auf zur japanischen Seite der Stadt, bevor die Blütenpracht wieder vergangen ist und wir bis zum nächsten April warten müssen. Klick, klick, klick …

●●

Kirschblüten-Allee, Auf dem Langen Kampe, 33607 Bielefeld
ÖPNV: Bus 21, 24, 25, Haltestelle Lohbreite

Aha-Erlebnis in aller Früh

 26 *Sunrise-Yoga auf der Sparrenburg*

Ganz entspannt werden in aller Ruhe die Gymnastikmatten ausgebreitet, die Teilnehmer strecken sich ein letztes Mal. Denn schließlich ist es verdammt früh an diesem Morgen. Gerade mal fünf Uhr zeigt die Kirchturmuhr in der Altstadt. Doch das ist den rund 150 Teilnehmern egal. Sie wollen vor allem eines. Genießen! Denn wenig später startet hier auf dem Platz hinter der Sparrenburg das Yoga-Training. Die Teilnehmer absolvieren fleißig Übung für Übung. Plötzlich geht ein Raunen durch die Menge. Und die Blicke gehen alle in die eine Richtung, und zwar dorthin, wo sich die ersten Sonnenstrahlen ihren Weg über den Teutoburger Wald suchen. Ein gigantischer Glücksmoment vor einer großartigen Kulisse. Und genau der Augenblick, der alle motiviert hat, das frühe Aufstehen auf sich zu nehmen. Mittlerweile strahlt die Sonne die Sparrenburg an und sorgt für wohlige Wärme bei den Yoga-Liebhabern. „Freunde haben mir davon erzählt. Da war klar: Da muss ich dabei sein", strahlt Franziska Dloczik, die sich extra für diesen Morgen einen Babysitter für ihre vierjährige Tochter genommen hat. Vollkommen beseelt vom überwältigenden Eindruck genießen die Teilnehmer anschließend eine kleine Pause, denn die Zeit des Yogatrainings vergeht wie im Flug – selbstverständlich auf der Sonnenseite der Burg. Aber Schluss ist noch lange nicht. Die Sonne scheint munter weiter, und auf die überwiegend weiblichen Sportler wartet „Crossout". „Yoga war das Warm-Up. Jetzt geht's richtig zur Sache", scherzt Holger Pante, der im Sommer diesen Morgen gestaltet. Crossout ist ein sehr intensives Kraft-Ausdauer-Training. Und selbst das fällt an diesem besonderen Morgen spielend leicht. Denn solche Glücksmomente sind rar gesät und machen die sportlichen Anstrengungen deutlich angenehmer. Einen sportlicheren Sonnenaufgang wird man in der Stadt nicht erleben können. Welch ein grandioser Start in den Tag!

TIPP Holger Pante bietet weiteren Open-Air-Sport in der Stadt an: www.bielefeldkommtraus.de und www.crossout.de

 **Sunrise-Training mit Yoga und Crossout, Sparrenburg, Am Sparrenberg 40, 33602 Bielefeld**
www.sportimpark-bielefeld.de
ÖPNV: Straßenbahn 1, Haltestelle Adenauerplatz

Glücklich gesellig hier!

 27 *Das Kachelhaus in der Altstadt*

Immer wieder schweift der Blick über diesen unglaublich langen Tisch. Geschätzte 15 Meter lang beherrscht er das Zentrum des Kachelhauses, das schon viel erlebt haben dürfte. Schließlich steht es seit 1928 mitten in der Altstadt. Bevor es zu einem der gemütlichsten Cafés der Stadt wurde, haben es vor allem Feinschmecker besucht. Denn an einer ebenso langen Kühltheke lagen jahrelang frische Spezialitäten bereit. Das ist seit einigen Jahren Geschichte, doch aus dieser Zeit steht dieser unendlich lang wirkende Tisch noch hier im Kachelhaus. Flankiert von 18 Stühlen, von denen fast keiner dem anderen gleicht, wirkt das ganze Arrangement wie aus einem Schloss entliehen. An diesem Tag ist der Tisch gut besucht. Sitzt man in der Mitte, entsteht sofort das Gefühl, Teil einer netten Familienfeier zu sein. Vielleicht ist es gerade dieses heimelige Gefühl, das dieses Café so besonders macht. Die Inszenierung des gesamten Raumes wird durch die Meißner Kacheln, die die Wände schmücken, perfektioniert. Der Blick wandert durch den Raum. Aus der einen Ecke ist leises Kichern zu hören, von der anderen Seite schwillt der Klang eines angeregten Gespräches mehrerer Personen herüber. Und immer mehr entsteht das Gefühl: Hier fühle ich mich wohl, hier wäre ich gern zu Hause. Denn so eine Küchenatmosphäre ist das, was man sich für daheim wünscht. Der Tisch, der natürlich nicht der einzige im Kachelhaus ist, ist gedeckt mit Gläsern, Tellern und Blumengestecken, die sich harmonisch in das Gesamtbild einfügen. Kein Wunder, ist doch gerade Frühstückszeit. Auffällig viele Kinder zählen zu den Gästen, was für den Chef jedoch nicht überraschend ist. „Wir haben für die Kleinen extra ein eigenes Frühstücksbuffet zu einem kinderfreundlichen Preis." Vielleicht liegt es aber nicht nur am Preis, dass sich die Kleinen hier so wohlfühlen, sondern vielmehr, weil sie die Atmosphäre so sehr lieben.

TIPP Hier gibt es täglich ein Frühstücksbuffet: werktags bis 11.45 Uhr, am Wochenende sogar bis 13.30 Uhr.

🔴 Kachelhaus, Hagenbruchstraße 13, 33602 Bielefeld, Tel. (05 21) 98 87 37 70
www.kachelhaus-bielefeld.de
🔴 ÖPNV: Straßenbahn 1, 2, 3, 4, Haltestelle Rathaus

So macht Shoppen Spaß

 28 *Die Konzert-Arena Lokschuppen*

Wenn das kein toller Start in den Abend ist: Zu Beginn wird ein Gläschen Sekt gereicht. Dann fährt die pinkfarbene Stretchlimousine zum Probesitzen vor. Anschließend gibt es veganes Fastfood auf die Gabel. Und das Beste kommt zum Schluss: Nach Sekt, Limo und Fastfood wird geshoppt, solange das Geld reicht. Der Lokschuppen ist nicht nur die Konzert-Location in Bielefeld schlechthin – Max Giesinger und Simple Minds schauen gerne mal vorbei –, die Geschäftsführer Sascha Berg und Daniel Elsner haben auch ein Herz für die weibliche Bevölkerung. Denn regelmäßig findet im Lokschuppen der KauFrausch statt – der nächtliche Mädelsflohmarkt. Besonders betont die Überschrift das Wort „Frau" im KauFrausch. Hier hat Frau das Sagen, was angeboten wird. „Wir unterstützen damit den Trend des Nachtflohmarktes", sagt Daniel Elsner. Beginn ist um 18 Uhr, Ende gegen 23 Uhr oder auch mal später. Und schon beim ersten Bummel durch die Gänge wird deutlich: Was das Frauenherz begehrt, ist hier zu finden. Und passend zum Motto ist alles schön in Rosa getunkt. Rosa Beleuchtung und rosa Shoppingbags, die das Einkaufen noch etwas schöner, besser gesagt rosiger machen.

TIPP *Der Lokschuppen holt die Weltstars zu Konzerten nach Bielefeld.*

Es gibt alles, was Frauen wollen: Kleidung, Dekosachen in allen Farben, Selbsthergestelltes und ganz viele hochwertige Accessoires, die ein Mann wohl nicht kaufen würde. „Aber hier können wir mal Mädchen sein", lacht Veranstalterin Heike Hofer und zeigt auf die zahlreichen Luftballons, die verspielt durch die Halle fliegen. Die Farbe der Luftballons? Man ahnt es: Rooooooosssaaaa… 120 Aussteller geben alles, damit die rund 1300 vorwiegend weiblichen Besucher einen schönen Abend erleben. Weil es sich mit musikalischer Untermalung noch viel besser einkaufen lässt, gibt's Stimmungsmusik aus den Boxen. Ein Tänzchen wird aber doch nicht gewagt, schließlich steht Shoppen im Mittelpunkt. Und dabei soll ja nichts die Konzentration auf das nächste Schnäppchen stören …

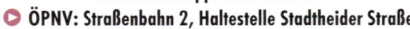

○ **Lokschuppen Bielefeld, Stadtheider Straße 11, 33609 Bielefeld, Tel. (05 21) 5 21 68 11**
www.lokschuppen-bielefeld.de
○ **ÖPNV: Straßenbahn 2, Haltestelle Stadtheider Straße**

Kaiserliche Schönheit

 29 *Der Japanische Garten als Geschenk aus Fernost*

Tiefenentspannt sitzt der japanische Besucher im Schneidersitz vor dem Zen-Garten in Bethel. Die Hände gefaltet, die Augen geschlossen und mit sich offensichtlich im Reinen, denn ein leichtes Grinsen überzieht sein Gesicht. Scheinbar kann ihn nichts aus der Ruhe bringen, auch ein leichter Nieselregen, der gerade aufkommt, stört ihn nicht. Er sitzt dort und genießt den Moment, die Ruhe und wohl, dass er seiner Heimat hier ein Stück näher ist. Vor vielen Jahren war der Zen-Garten ein gemeinsames Projekt der japanischen und deutschen Regierung. Über dem Areal hier liegt immer ein Hauch von Fernost. Der Garten ist dem japanischen Kaiserpaar gewidmet und ein Geschenk für den Stadtteil. Denn Kaiserin Michiko hegte bereits als Studentin den Wunsch, die Stadt der Barmherzigkeit, wie Bethel wegen seiner zahlreichen sozialen und medizinischen Einrichtungen genannt wird, kennenzulernen. „In Japan gibt es so etwas Schönes leider nicht", gab sie damals zu Protokoll. 1993 war sie hier zu Besuch und legt seitdem großen Wert auf den Erhalt dieser Pilgerstätte. Japanische Gärten haben eine tausend Jahre alte Tradition. Häufig wird in diesen Gärten der ganze Kosmos abgebildet. Die einzelnen Kontinente sind mit verschiedenen Steinen dargestellt. Und unser japanischer Freund? Der ruht noch immer in sich. Scheinbar eins mit sich, dem Garten und vielleicht mit der Kaiserin. Wir nähern uns langsam dem Garten und wollen gerade eine winzig kleine Mauer übersteigen, die die Beete umgibt. Da schreckt der Japaner hoch, die Augen weit aufgerissen, und gestikuliert wild mit seinen Händen. Weil wir auf den ersten Blick nicht wissen, was er uns sagen möchte, zeigt er auf ein Schild. Wir lesen: „Durch diesen Garten wandelt man nicht, man betrachtet ihn nur mit den Augen. Die Mauer soll neutralisieren und unerwünschte äußere Einflüsse abwehren." Das ist mit diesem Satz gelungen. Wir verneigen uns und ziehen uns zurück. Dahin, wo die Augen diesen wunderschönen Garten betrachten können.

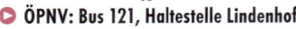

○ Japanischer Garten, Zen-Garten, Quellenhofweg 125, 33617 Bielefeld, Tel. (05 21) 1 64 01 65
www.djg-owl.de
○ ÖPNV: Bus 121, Haltestelle Lindenhof

Lecker westfälisch!

30 *Das Möpken in Schildesche*

Wer die Burger-Läden nicht mehr sehen kann, von Fast Food grundsätzlich die Nase voll hat und stattdessen lieber gutbürgerlich, genauer gesagt gutbürgerlich westfälisch essen möchte, der ist hier genau richtig. Und selbstverständlich gibt's im Möpken auch Möpkenbrot zu essen. Das Möpkenbrot ist ein westfälisches Originalgericht – eine Blutwurst mit einem Getreideanteil. In der Pfanne mit Zwiebeln und Apfelspalten knusprig angebraten und mit Bratkartoffeln serviert – ist es zwar Geschmackssache, aber einen Versuch allemal wert. Von außen wirkt das Möpken durch sein Fachwerk schon gemütlich. Hat man sich ein nettes Plätzchen im kuscheligen Restaurant ausgesucht, setzt hier sofort Entspannung ein. Was auch daran liegt, dass der Service perfekt ist und man sich fühlt wie Gott im Möpken, Gott in Bielefeld. Na ja, auf jeden Fall rundherum wohl. Die Karte ist übersichtlich und in der Regel „westfälisch", aber auch mit ein paar mediterranen Gerichten ergänzt. Als da wären unter anderem: westfälische Kartoffelsuppe, westfälische Reibekuchen und nicht zuletzt der westfälische Grießpudding. Sicherlich: Deftig ist nicht für jeden etwas, gerade wenn die lieben Kleinen dabei sind, doch auch für sie hat das Möpken etwas im Angebot: Kaum zu glauben: Es gibt ihn auch hier in der westfälischen Provinz. Den Burger, sogar preisgünstiger als in den Burger-Schmieden der Innenstadt. Und: Die amerikanische Mahlzeit ist hier viel ansehnlicher, sehr viel Fleisch fürs Geld. Dazu eine üppige Portion Bratkartoffeln oder Kartoffeln mit Rosmarin. Ein weiteres Plus: Pommes werden nicht angeboten und wären zu dieser Einrichtung auch nicht stilecht. Als i-Tüpfelchen gibt es eine große Menge leckeren Salat mit einem schmackhaften Dressing, aus dem ein Hauch Apfelessig hervorsticht. Und das Ganze zu einem absolut fairen Preis. Somit geht hier beides. Westfälisch gutbürgerlich und amerikanisch gut belegt.

Möpken, Im Stift 5, 33611 Bielefeld, Tel. (05 21) 98 24 14 14
www.moepken-bielefeld.de
ÖPNV: Straßenbahn 1, Haltestelle Schildesche; Bus 27, 31, 51, 101, 155, Haltestelle Im Stift

Musik macht glücklich

31 *Die Altstädter Nikolaikirche in der Altstadt*

Überall geht es munter zu. Laute Musik vor den Karussells, geschwätziges Treiben zwischen den Buden. Und rundherum in der Altstadt herrscht weihnachtliche Betriebsamkeit. Vorfreude aufs Fest. Jubel, Trubel – Weihnachtsstress. Von Ruhe und Entspannung keine Spur? Und ob. Man braucht bloß die schwere Tür der Nikolaikirche zu öffnen, und schon spürt man Weihnachtsstimmung. Hier in der Kirche, schön weihnachtlich geschmückt, geht es ganz ruhig und entspannt zu, obwohl das Gotteshaus, anders als an vielen Sonntagen, vorm Fest sehr gut besucht ist. Gesorgt haben dafür Armin Piepenbrink-Rademacher und Nike Schmitka, die für die künstlerische Leitung verantwortlich ist. „Kirche ist so ein schöner Ort. Nur meistens immer relativ leer", erzählt der Pastor. So entstand die Idee zum vorweihnachtlichen, musikalischen Adventskalender. Vom 1. bis zum 23. Dezember wird seitdem an jedem Tag ein kleines, feines Konzert gegeben. Immer andere Interpreten, immer eine etwas andere Musikrichtung. „Hier kann man Kirche genießen und einfach glücklich sein", sagt Piepenbrink-Rademacher, für den es

TIPP An jedem Freitag findet in der Nikolaikirche um 16.30 Uhr ein After-Work-Singen für jedermann statt.

wichtig ist, „dass jeder kommen kann, weil es kostenlos ist. Auch Menschen, die sich den Weihnachtsmarkt mit Bratwurst und Glühwein nicht leisten können, sind hier willkommen." Und dann, wenn alle Platz genommen haben, wird es ganz still in der Nikolaikirche. Die ersten Töne erklingen und verwandeln die Kirche in einen Glücksort. Für die folgenden 40 Minuten heißt es: Ohren auf und genießen! Das fällt nicht schwer. Denn die Besucher tauchen ein in eine Zeit des Friedens und der Entspannung. Für den Pastor sind die Adventstage etwas ganz Besonderes: „Wenn ich an diesen Abenden hier bin, geht mir das Herz auf. So schön kann Kirche sein." Schön finden das offensichtlich auch viele Besucher. Rund 8000 Menschen finden in dieser Zeit den Weg in die Nikolaikirche. So schön kann Weihnachten sein.

○ Nikolaikirche, lebendiger Adventskalender, Altstädter Kirchstraße 1, 33602 Bielefeld, Tel. (05 21) 6 94 89, www.kirche-bielefeld.de
○ ÖPNV: Straßenbahn 1, 2, 3, 4, Haltestelle Rathaus

Wo die Götter speisen

 Café Götterspeise in Brackwede

Herzlich willkommen alle jungen und jung gebliebenen Mütter! Das Café Götterspeise ist der absolute Wohlfühlort für die eine Hälfte der Bevölkerung, die selbstverständlich gern und oft ihre Kinder dabeihat. Während die Kleinen sich in der gemütlichen Spielecke vergnügen, können die Mamis und natürlich auch Papis sich in aller Ruhe unterhalten und vor allem mittags aus der gut gefüllten Karte den Hunger stillen. Ab und zu gesellen sich auch stillende Mütter dazu. Was soll's: Hier stört es mit Sicherheit nicht. Wer frühstücken möchte, der muss vorbestellen. Auch kein Problem. Wer mittags mal nicht ganz so viel Geld dabeihat. Ebenfalls kein Problem. Jeden Tag gibt es zwei Gerichte zur Auswahl. In der Regel aus der westfälischen Küche und für einen echt fairen Preis. Erklärungsbedarf besteht beim Blick auf die Auswahl bei den Angeboten „Wurstebrei" und Jägerschnitte. Bei der Jägerschnitte handelt es sich nicht um einen Druckfehler, sondern vielmehr um ein gutes Brot mit der Sauce des Jägerschnitzels oben drauf – nur eben ohne Schnitzel. Das Ganze ist nicht nur lecker, sondern macht auch noch pappsatt. Diese Eigenkreation war vor Jahren mehr ein Scherz, hat sich aber mittlerweile etabliert. Ebenso wie der Wurstebrei. Optisch nicht unbedingt ein Hingucker, aber geschmacklich super lecker. Wen der Name „Wurstebrei" etwas verwundert: Wurstebrei ist vergleichbar mit dem Labskaus. Dekoriert mit roter Beete und zwei kleinen Gurken ist es der perfekte westfälische Mittagsschmaus, nachdem zugegebenermaßen ein etwas längerer Spaziergang nicht schaden kann. Haben die Kinder in der Spielecke zu Ende gespielt, gibt es von der Chefin auch mal einen kleinen oder wahlweise großen Babycino für den Nachwuchs. Ohne Koffein, dafür aber mit extra viel Schaum – lecker.

● Café Götterspeise, Hauptstraße 119, 33647 Bielefeld, Tel. (05 21) 55 77 05 60
● ÖPNV: Straßenbahn 1, Haltestelle Gaswerkstraße

Glücklich „unter Tage"

 33 *Naturkundemuseum in der Innenstadt*

Vorsicht, Kopf einziehen! Wenn es im Naturkundemuseum „Namu" in den Keller geht, wird es eng. Für die Kinder gibt es deshalb einen extra Grubenhelm. Denn hier „unter Tage" wurde ein Schacht nachgebaut, der verdammt echt aussieht. Ja, sogar in Bielefeld gab es früher unterirdische Stollen. Ist der Abstieg geschafft, bittet Mark Keiter vom Namu, „alle mal kräftig aufzutreten". „Warum machen wir das?", fragt der siebenjährige Jonas seine Mama. Und bevor die antworten kann, gibt es schon die Antwort: „Unter Tage bebt ab und zu auch mal die Erde. Und hier kann man mithilfe eines Seismografen ermitteln, wie stark die Erde zittert." Lächelnd gibt Mark Keiter wenig später Entwarnung. Auf der Richterskala wurde nur ein niedriger Wert angezeigt. Wo es aber weltweit durchaus ernst wird, kann man daneben auf einem Bildschirm mit einer Weltkarte, auf der rote und blaue Punkte zu sehen sind, erkennen. Die roten zeigen an, wo es auf der Welt überall zurzeit kritisch ist und sich die Erde bewegt. Weil ein Schwerpunkt rund um den Pazifischen Ozean liegt, überlegt Christine Meyer, ihren geplanten Urlaub noch mal zu überdenken. Doch auch hier gibt es zum zweiten Mal Entwarnung. „Schwere Erdbeben und Vulkanausbrüche sind zum Glück sehr selten." Nachdem auch die Fragen, wie ein Erdbeben entsteht und warum sich die Erdplatten verschieben, geklärt sind, klingeln plötzlich zwei Telefone im Schacht. Während zwei Kinder die Hörer abnehmen, erfahren wir, dass dort Geowissenschaftler auf Expedition wichtige Fakten zum irdischen Klima erklären. Susanne Nolte ist begeistert: „So konzentriert sind meine Kinder sonst nie." Nach diesem aufregenden ersten Teil, geht's nun ins Obergeschoss. Im Fahrstuhl werden die Besucher ins Jahr 2525 katapultiert. Und dort erwartet sie die Erde, wie sie wäre, wenn Themen wie Klimawandel und Umweltverschmutzung in der heutigen Zeit nicht ernst genommen würden. Für Susanne Nolte steht fest: „Ich werde alles tun, um diesen Zustand zu vermeiden."

TIPP Neben zwei spannenden Dauerausstellungen gibt es eine häufig wechselnde Wanderausstellung.

▶ **Naturkundemuseum Namu, Kreuzstraße 20, 33602 Bielefeld, Tel. (05 21) 51 67 34**
www.namu-ev.de
▶ **ÖPNV: Straßenbahn 1, Haltestelle Adenauerplatz**

Abtauchen, abtanzen

34 *Café Milestones beim Ravensberger Park*

Hier kann man abtauchen, für sich sein, die Stimmung genießen oder einfach nur beobachten. Beobachten, wie Menschen Zweisamkeit suchen. Immer wieder neue Anläufe nehmen und sich schließlich grinsend mit einem Bier an der Theke niederlassen. Zu späterer Stunde legt der DJ die 80er-Jahre-Hits auf den Plattenteller. Frank Zappa säuselt sein „Bobby Brown" aus den Lautsprechern, und die Talking Heads singen ihren Welthit „Burning down the house", der heute ab und zu noch in Serien oder Werbespots zu hören ist. Wenig später bildet sich eine kleine Tanzfläche zwischen den Tischen. Jeder, der will, tanzt mit jedem, der möchte. Gerade läuft passend dazu „Candy" von Iggy Pop, der mit der Zeile „I can't let you go" einigen flirtenden Gästen aus der Seele spricht. Damit keiner Gefahr läuft zu verdursten, werden auch auf dem spontan geschaffenen Dancefloor von den zuvorkommenden Mitarbeitern Getränke gereicht. Vernachlässigt wird hier niemand, auf Wunsch bleibt kein Glas lange leer. Da können die Gedanken schon mal auf Reisen gehen und sich im Beat der Musik in eine Welt träumen – abseits der sonstigen Themen, die der Alltag vielleicht so bereithält.

Da wirken die leicht beschlagenen Scheiben fast wie eine kuschelige Wand vor dem, was draußen auf die Gäste wartet. An diesem Abend leichter Regen und stürmische Winde. Und trotzdem öffnet sich hin und wieder die Tür und bringt frische Luft und neue Gäste ins Milestones. Die bleiben, weil es so nett und unbeschwert hier ist, bis weit nach Mitternacht. Sie tanzen, reden, trinken und machen einfach das, was das Wohlgefühl noch steigert. Erst zu fortgeschrittener Stunde wird der Laden leerer, die Scheiben wieder durchsichtiger, und ein toller Abend findet ein grandioses Ende. Und einen Anfang zugleich, denn schon wenige Stunden später kommen die ersten Frühstücksgäste. Fröhlich und ausgeschlafen. Die Spuren der Nacht sind verschwunden, ein neuer Tag beginnt: mit Sonnenschein, leckeren Brötchen und frischem Kaffee.

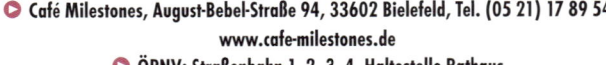

○ Café Milestones, August-Bebel-Straße 94, 33602 Bielefeld, Tel. (05 21) 17 89 54
www.cafe-milestones.de
○ ÖPNV: Straßenbahn 1, 2, 3, 4, Haltestelle Rathaus

Einfach himmlisch hier

35 *Open-Air-Gottesdienst in der Waterboer*

Die Vögel zwitschern, die Blätter rauschen, und dem Himmel ist man gefühlt etwas näher als anderswo – und das nicht nur, weil hier gleich ein Open-Air-Gottesdienst stattfindet. Wer durch die Waterboer spaziert, der hat erstens schon ein paar Meter hinter sich und außerdem das Beste vor sich. Denn der Gottesdienst findet vor einer prächtigen Kulisse aus wunderschöner Natur und absoluter Ruhe statt. Nicht ganz ruhig, denn gerade lässt ein Posaunenchor das Gezwitscher der Vögel verstummen. Gleichzeitig ist diese Musik hier in der Lichtung des Teutoburger Waldes derart ergreifend, dass einem schon mal ein wohliger Schauer den Rücken hinunterläuft. Auch weil die Töne wenig später verstummen und man wieder mit sich und der Natur eins ist. Wir sitzen auf Steinbänken, die sicherlich schon das vorletzte Jahrhundert erlebt haben dürften. Fehlender Komfort stört hier jedoch nicht, im Gegenteil: Er hilft, sich auf sich selbst zu reduzieren. Mal weg von allem Konsum und dem ganzen Lärm. Die Worte des Pastors sind wohltuend modern und zeitgemäß. Kirche sollte immer so aktuell sein wie an diesem Morgen. Hier ist sie das zumindest in den Monaten Mai bis September, in denen der Open-Air-Gottesdienst an jedem Sonntag stattfindet. Geredet wird über Flüchtlinge, Donald Trump und den Klimawandel. Themen, die nicht unbedingt zu erwarten sind in einem Gottesdienst. Auch dadurch geht die Zeit fast zu schnell vorbei. Aber letztlich doch nicht zu schnell. Denn wir befinden uns an einem ganz wunderschönen Flecken Natur, der Leichtigkeit schenkt und mit Glück erfüllt. Wer noch mehr möchte, bekommt mehr. Jedenfalls dann, wenn er von hier den steilen Weg zum Kamm des Teutoburger Waldes hochklettert – anstrengend, aber lohnenswert. Während des kurzen Aufstiegs überholen einen ein paar Mountainbiker, die ebenfalls den Gipfel erklimmen wollen. Denn die Belohnung ist ein Blick, der einfach traumhaft schön ist. Ein Glück, dass man hier oben sein darf.

· ·

◗ Waterboer, Open-Air-Gottesdienst, Waterboerstraße 77, 33659 Bielefeld, Tel. (05 21) 52 20 89 32
◗ ÖPNV: Straßenbahn 1, Haltestelle Senne

Wertschöpfung

 36 *Restlos glücklich in Schildesche*

Etwas ungläubig schaut die junge Frau an der Kasse den Inhaber an. „Ich soll zahlen, was es mir wert ist?", wiederholt sie die Aufforderung von Mustafa Budumlu. In den Händen hält sie einen Salatkopf, drei Bananen und eine Flasche Wasser. Sie überlegt, etwas überrascht darüber, keinen Preis genannt zu bekommen, sondern selbst zu entscheiden. „Was es mir wert ist", wiederholt sie erneut. Schließlich holt sie einen Betrag aus ihrem Portemonnaie, der ungefähr der Hälfte des normalen Ladenpreises entspricht. Budumlu ist zufrieden und erklärt: „Die Reaktion der Dame ist normal. Am Ende geben sie in der Regel ungefähr fast immer die Hälfte des regulären Preises." Für den Gründer des Restlos-Ladens ist der Preis vollkommen in Ordnung. Schließlich haben das Obst, Gemüse, Brot, Käse und Wurst und auch Joghurt, Butter, Eier und manchmal sogar Wasser, Wein und Cola eines gemeinsam: „Alle unsere Waren sind nicht makellos. Entweder haben sie eine Druckstelle, die Form passt nicht, oder sie erfüllen nicht die EU-Norm." Budumlu und seine Partnerin Elif verstehen sich als Lebensmittelretter. Denn die

TIPP *Freitag und Samstag wird im Außenbereich lecker vegan und vegetarisch gekocht.*

Waren, die sie von den Supermärkten bekommen und weiterverkaufen, wären sonst in der Mülltonne gelandet. „Die freie Preiswahl ist unser Konzept", sagt er. Denn ein festgeschriebener Preis schließe vor allem Bedürftige aus.

Für die beiden ist es wichtig, „dass hier jeder einkaufen kann, egal, wie viel Geld er hat." Sicherlich, so gibt der Chef zu, gehen einige wenige hier mit zwei vollen Tüten raus und geben dafür zwei Euro. Statt sich zu beschweren, klären die Mitarbeiter diese Kunden dann über den wahren Wert der Ware auf. „Das ist denen dann meistens peinlich, sodass sie von alleine am Ende doch mehr bezahlen wollen." Die Idee kommt gut an, vor allem Frauen kaufen hier gerne ein. „Gerade sie halten scheinbar besonders viel von der Nachhaltigkeit, die wir mit unserem kleinen Laden verfolgen", sagt Budumlu.

🔵 **Restlos, Lebensmittel-Retter, Johannisstraße 35, 33611 Bielefeld, Tel. (01 76) 23 81 55 69**
www.restlos-ev.de
🔵 **ÖPNV: Straßenbahn 1, Haltestelle Schildesche; Bus 27, 31, 51, 101, 155, Haltestelle Im Stift**

Ein königliches Gefühl

 37 *Glücksort Johannisberg*

Wenn es in grauer Vorzeit hier in Bielefeld mal einen König gegeben haben sollte, dann muss er hoch über der Stadt, rund 200 Meter über der City, gethront und stolz die Arme ausgestreckt haben, um ganz Bielefeld zu umarmen. Denn das geht von hier oben fast perfekt.

Allein der Blick ist in jedem Fall majestätisch. Dazu weht fast immer ein kleines, angenehmes Lüftchen. Hier kann man es aushalten. Vor allem wenn man es sich in der Beach-Bar so richtig gemütlich macht, die hier vor einiger Zeit hingezaubert wurde. Mit einem Cocktail in der Hand lässt sich perfekt der altehrwürdigen Sparrenburg zuprosten. Sand, Strand und eine Aussicht, die schöner nicht sein kann. Was braucht man mehr, um glücklich zu sein? Wer sich das auch immer ausgedacht hat, es war eine grandiose Idee: Man muss nicht mal mehr stehen, um den Ausblick zu genießen. Einfach fallen lassen, und zwar in ganz bequeme Liegestühle. Die Schuhe können ausgezogen werden, und sofort umschmeichelt feiner, geschmeidiger Sand die Füße. Strandatmosphäre in luftiger Höhe, das absolute i-Tüpfelchen an diesem wunderschönen Plätzchen. Die Ho-telterrasse ist in ein kleines Paradies unter Palmen ver-

TIPP *Jeden Donnerstag gibt's in der Beach Bar ein großes Grillbuffet – Anmeldung empfohlen.*

wandelt worden. Dank 30 Tonnen Sand gibt es hier das kostenlose Urlaubsfeeling. Augen zu und träumen. Die Loungemusik im Hintergrund trägt einen fast von allein in andere Sphären. Ein Snack und ein Drink, um das Wohlgefühl noch zu steigern, verstehen sich von selbst. Eine kleine Karte hält für jeden eine passende Auswahl bereit. Und das Gute: Nicht nur Hotelgäste sind willkommen. Jeder, der eine Auszeit braucht, kann sich hier perfekt entspannen und abtauchen in einen mehrstündigen gefühlten Karibikurlaub. Karibik in Ostwestfalen. Wer hätte das gedacht? Hier oben auf dem Johannisberg kein Problem.

● Johannisberg, Am Johannisberg 5, 33615 Bielefeld
● ÖPNV: Bus 24, Haltestelle Bauernhausmuseum

Genial einfach

38 *Das Schlösschen am Niederwall*

Unschwer zu erkennen: Das Schlösschen ist von einer Frau eingerichtet worden. Geschmackvoll und verspielt erhellen verschnörkelte Kronleuchter angenehm den Raum. Jeder in einem anderen Design. Auf dem Tresen sorgt ein Arrangement aus Blumen und Kerzen für eine kuschelig-charmante Stimmung. Selbst die vielen Möbel im Café passen stimmig zum Konzept dieses kleinen Traumschlösschens, das übrigens früher ein Toilettenhäuschen war. An diese Zeit erinnern nur die kleinen, aber zahlreichen Sprossenfenster des Gebäudes. Wer dennoch ein Bedürfnis verspürt, kann zwischen den Türen für „Little Prince" und „Little Princess" wählen. Ansonsten hat sich das Schlösschen zu einem Schmuckkästchen verwandelt, in dem es einen größeren Raum gibt. Die Speisekarte war vermutlich reine Fleißarbeit und passt zum individuellen Stil des Schlösschens. Sie ist handgeschrieben oder sieht zumindest so aus. Und möchte auch pfleglich behandelt werden. Deshalb steht im P.S.: „Es war sehr mühsam, die Karte zu schreiben. Bitte nicht vollschmieren oder klauen." Wer etwas essen möchte, findet einen kleine, nette Auswahl auf der Schiefertafel hinter dem Tresen. Passend zum allgemeinen kulinarischen Trend sind dort verschiedene Bowls und Curry-Gerichte angeschrieben. Ähnlich wie die Karte sieht auch das verzierte und verspielte Sofa auf einem Podest in der Ecke einzigartig aus. Wer dort seinen Platz wählt und seinen Cappuccino schlürft, hat auf jeden Fall schon mal etwas Königlich-Majestätisches ausgewählt. Außergewöhnlich wie das gesamte Interieur ist auch die Begrüßung. „Come in! We're awesome!" steht an der Glastür. Was wohl an anderer Stelle als übermütig gedeutet würde, passt hier. Denn von der ersten Minute des Besuches an wird man diesen Eindruck nicht mehr los und möchte pausenlos flüstern: „Genial ist das hier. Ich weiß nicht ganz genau, warum, aber genial ist es schon." Wer das auch so sieht, kann was Nettes in die Karte schreiben. Nur bitte nicht vollschmieren oder klauen. Das wäre dann doch zu schade.

● Café Schlösschen, Niederwall 44, 33602 Bielefeld, Tel. (05 21) 96 75 08 88
● ÖPNV: Straßenbahn 1, 2, Haltestelle Landgericht

Der ganz besondere Kick

39 Die Gegenüber Bar am Kesselbrink

Klar, es kann schon mal etwas lauter werden in der Gegenüber Bar an der Ecke des Kesselbrinks. Vor allem montags, so ab 20 Uhr etwa. Denn dann geht's rund an den zwei Kickertischen in der aufgemöbelten Ecke der Bar. Ab da zählt nur noch eines: Das Runde muss möglichst oft ins Eckige. Seit Jahren zählt die Kneipe zu den Hotspots der Bielefelder Kicker-Szene. In der fein herausgeputzten Kickerecke wird über zwölf Wochen ein Turnier ausgetragen, immer montags. „Jeder, der will, kann mitspielen", klärt Barbetreiber Sven Busse auf. Wer jetzt denkt, dass Kickern reiner Männersport ist, hat die Rechnung ohne die Frauen gemacht. Denn hier sind gut ein Fünftel der Teilnehmer weiblich – und nicht ohne Chancen. So wie Esther und Tina an diesem Abend. Die Ärmel hochgekrempelt, die Gesichtszüge angespannt, machen sie es ihrem männlichen Gegenüber nicht leicht. „Alter, was geht denn hier ab", raunzt einer der zahlreichen Zuschauer beim flüchtigen Blick auf den Kickertisch. Esther wehrt ab, Tina trifft. Und schon haben die Männer ein ernstes Problem und schauen etwas ungläubig auf den 1:9-Rückstand. Zehn Minuten und ein Sieger-High-Five später lassen sich die Frauen in die gemütliche Sofaecke neben der Bar fallen. Zwei Frischgezapfte stehen selbstverständlich schon bereit. „Vielleicht seid ihr sogar ein Fall für die Sportfreunde Kickerfeld", schmunzelt Sven Busse. Die Sportfreunde sind Bielefelds erster Kickerverein, der hier am Kesselbrink gelegentlich vorbeischaut, sonst aber woanders seine Liga-Spiele austrägt. Doch die beiden brauchen jetzt erst mal eine Auszeit. Und Entspannung geht hier ganz einfach. Denn „hier ist jeder willkommen, hier fällt auch niemand auf. Egal ob Öko, Punk oder Normalo. Hier mögen wir jeden", betont der Inhaber. Er selbst steht auf Gitarrenmusik. Deshalb gönnt er sich ab und zu was und veranstaltet in seinem Laden verschiedene Musik-Events. Die Richtung? Für jeden etwas!

● Gegenüber Bar, August-Bebel-Straße 86 a, 33602 Bielefeld, Tel. (01 57) 52 22 28 54
www.gegenueber-bar.de
● ÖPNV: Straßenbahn 2, Haltestelle August-Bebel-Straße; Bus 21, 22, 23, 24, 25, Haltestelle Kesselbrink

Hier werden Wünsche wahr

 40 *Der Möbel-Bahnhof in Stieghorst*

Wer auf das Besondere steht, auf Möbel, die sonst niemand hat, der ist hier genau richtig. Doch nicht nur die Möbel sind einzigartig, auch der Ort, an dem sie hergestellt und verkauft werden, ist besonders. Der Möbel-Bahnhof liegt etwas versteckt, direkt in der Nähe eines großen Einrichtungshauses. Und wer den Laden einmal gefunden und den liebenswerten Geschäftsführer Peter Timpe ins Herz geschlossen hat, will entweder hier nie wieder weg oder kommt sofort wieder. Jedenfalls dann, wenn er etwas geschmackvoll Ausgefallenes sucht. „Peter", wie er von fast allen Kunden gerufen wird, hat sich vor vielen Jahren einen Traum erfüllt und den ehemaligen Bahnhof, der eigentlich abgerissen werden sollte, gekauft. „Klar, einige haben mich für verrückt gehalten", erzählt er. Doch Peter „hatte Bock auf den Laden". Zum Glück! Denn sein Geschäft ist etwas ganz Besonderes. Mit viel Liebe eingerichtet und geschmackvoll dekoriert, hat er sich mittlerweile auf Tische spezialisiert. Große, kleine, lange und sehr lange Tische. Ausgefallene, verrückte und schlichte Modelle. Selbst Tische im XXXL-Format werden hier auf Wunsch gefertigt. Aber wer kauft so etwas? „Solche Dinger verkaufen wir an Firmen", sagt Peter. Wenig später kommt ein schick gekleideter Herr und drückt dem Chef 50 Euro in die Hand. Dem verdutzten Beobachter erklärt Peter: „Weil die Kulisse hier so einzigartig ist, machen viele hier Hochzeitsfotos. Auch Filmstudios nutzen diesen Ort und drehen regelmäßig einige Szenen." Was macht diesen ehemaligen Bahnhof denn nun so einmalig? „Die Mischung macht's. Wir haben edle Tische, sind aber kein Schickimicki-Laden. Wir haben Designersachen, verstehen uns aber nicht nur als Designer. Wir liefern Mini- bis Maxigrößen, alles auf Bestellung. Das macht uns so besonders." Was auch toll ist, weil selten: Peter bietet Miet-Möbel an. Den hochwertigen Tisch für wenig Geld im Monat. Gerade junge Paare machen davon Gebrauch, sagt er. Er muss es wissen …

▶ **Möbel-Bahnhof, Altenburger Straße 2, 33699 Bielefeld, Tel. (05 21) 2 08 19 53**
www.moebel-bahnhof.de
▶ **ÖPNV: Bus 138, 38, Haltestelle Altenburger Straße**

Immer schön langsam!

41 Das Suutje am Siegfriedplatz

Da steht es vor einem. Das verführerisch anmutende Frühstück im Suutje, das nach Aussagen der Inhaber dafür sorgt, dass der „Siggi platzen" soll – in Anlehnung an den angrenzenden Siegfriedplatz. Ein Berg an Köstlichkeiten, der einem schon beim Anblick das Wasser im Mund zusammenlaufen lässt. Gern nimmt man den beiden Chefs die Garantie ab, danach „pappsatt" zu sein. Schon der Biss ins frisch gebackene Brot, bestrichen mit einem vorzüglichen Streichkäse, der nach einem Hauch von Kräutern schmeckt, macht Appetit auf mehr. Während der zweite Gang aus frischen Champignons, garniert mit Rührei und Käse bereits mundet, bekommt auch das Auge Abwechslung geboten. Ein Blick aus dem Fenster, und der wunderbare Wochenmarkt auf dem Siggi erwacht aus seinem Samstagsschlaf. Drinnen im Suutje wird derweil der köstliche Kaffee serviert. Alles natürlich ganz „Suuuuutje", also ganz entspannt, versteht sich. Für den Namen hat ursprünglich eine aus Hamburg stammende ältere Dame gesorgt, denn ihre Lebensweisheit, mit der sie verdammt alt wurde, lautete: „Ümmer suutje blieven, ja nix överdrieven." Was der Ostwestfale in etwa mit: „Immer schön mit Bedacht, nichts übertreiben" übersetzt. Und diese Stimmung wird im Suutje gelebt. Für jeden Gast bleibt Zeit für einen kurzen Schnack. Mittlerweile ist der Magen gut gefüllt. Für einen Nachtisch wäre aber gerade noch Platz. Da liest sich der Siggi-Salat auf der Karte doch ganz hervorragend: Kirschtomaten und Sonnenblumenkerne, flankiert von Orangenscheiben und beträufelt mit Granatapfelkernen, die übrigens zellverjüngend wirken sollen, dazu karamellisierte Walnüsse und auf Wunsch Ziegenkäse. Was sich anhört wie ein Gedicht, wird im Gaumen zum unvergleichlich köstlichen Schmaus. Fast selbstverständlich, dass die Zutaten der vielen Gerichte „lokal Player" sind. Der Kaffee wird in Bielefeld geröstet, das Brot kommt aus Borgholzhausen „und die Eier haben wir auch schon im Hühnerstall betrachtet", betont der Suutje-Chef.

○ Suutje, Siegfriedplatz 11, 33615 Bielefeld, Tel. (01 52) 13 53 66 87
www.suutje-bielefeld.de
○ ÖPNV: Straßenbahn 4, Haltestelle Siegfriedplatz

Ein Fest für alle Sinne

 Open-Air-Kino im Ravensberger Park

An diesem lauen Sommerabend empfiehlt es sich, das Auto irgendwo in der Nähe des Ravensberger Parks abzustellen. Denn der Andrang wird ähnlich wie an den anderen Tagen vermutlich riesig sein. Überraschend finden wir eine Lücke an einer Straße, die an den wunderschönen Park angrenzt. Und schon beim Betreten wird einem die Magie, die diese Grünfläche mit seinen historischen Gebäuden ausstrahlt, bewusst. Die Magie nimmt einen gefangen und wird nur kurz gestört, wenn man die lange, lange Schlange entdeckt, die sich vor dem Sommer-Highlight hier im Park fast immer bildet. Im Open-Air-Kino Luna wird ein Blockbuster aus den USA gezeigt. Doch das Warten stört hier niemanden. Es herrscht entspannte Partystimmung. Wer wartet, verkürzt sich die Zeit mit einem Bier. Zwanzig Meter vor uns hat jemand eine tragbare Musikbox dabei. Chillige Musik macht den Weg zum Open-Air-Kino fast zum Erlebnis. Und dann, eine halbe Stunde später, steigt die Vorfreude auf ein kaum messbares Maß. Denn wir stehen an der Kasse und erhaschen schon einen Blick auf die traumhaft schöne historische Kulisse, in die das Luna eingebettet ist. Da ist der Film für viele fast schon zweitrangig. Einmal dabei sein, einmal diese einzigartige Kombination aus frischer Luft, chilliger Lounge-Musik, netter Park-Location und fantastischer Kinokulisse zu erleben, erfüllt die meisten Gäste an diesem Abend mit einem absoluten Glücksgefühl. Besser kann man die folgenden Stunden nicht nutzen. Die Kinoreihen sind gut gefüllt, und mit Einbruch der Dunkelheit beginnt der Spaß. Der Projektor, der aus dem Historischen Museum hinüberleuchtet, wirft den ersten Strahl auf die Rückseite des Lichtwerks, eines weiteren sehr netten Kinos. Dessen Hauswand dient als Leinwand für die Filme. Und kaum startet der Film, verstummen die 550 Filmfans auf den Plätzen. Zu atemberaubend scheint dieser Abend zu werden, als dass man ihn mit unnötigen Geräuschen stören sollte.

TIPP Karten besser im Vorverkauf bestellen. Das erspart das Warten in der Schlange.

🔴 **Open-Air-Kino Luna, Ravensberger Park, 33602 Bielefeld**
🔴 **ÖPNV: Diverse Busse, Haltestelle Volkshochschule; Bus 25, 26, Haltestelle Kesselbrink**

Wellness für die Seele

 43 *Café Gemach am Gehrenberg*

Tür schließen, einen Platz aussuchen und einfach mal die Atmosphäre genießen. Denn das Café Gemach trägt seinen Namen voller Stolz und vollkommen zu Recht. Denn der Name ist hier das Motto: Gemach, gemach. Langsam, langsam. „Unsere Gäste sollen den Alltagsstress draußen lassen und hier einfach nur runterkommen und ein paar schöne Stunden haben", sagt „Gemach"-Erfinder Benjamin „Benni" Wabnitz. Auffällig viele Gäste kommen dabei gut gelaunt von der Toilette. Das Geheimnis dahinter? „Dort hängt ein kleiner Zettel mit Komplimenten, die man einem lieben Menschen machen könnte", klärt Benni auf. Kompliment, Café Gemach. Gut gemacht.

Aus den Lautsprechern säuselt derweil Kaffeehausmusik. Irgendwie ist alles hier sehr stimmig, fast eine Wellnessreise für die Seele. Auch das Auge findet hier Ruhe. Das Mobiliar ist einheitlich, unaufgeregt und gefällt durch seine gemütliche Ausstrahlung. Und wenn die Seele dann ihr Gleichgewicht gefunden hat, kommt auch der Magen auf seine Kosten. Denn im Café Gemach ist alles selbst gebacken. Ein besonderes Highlight ist der Käsekuchen. Käsekuchen kann doch jeder? Vielleicht, aber sicherlich ist nicht jeder so ein Genuss für den Gaumen wie der, der hier serviert wird. Die Karte ist übersichtlich, ohne mit zu viel Auswahl unnötig zu überfordern. Jeder, der hier gemächlich zu sich kommen will, findet etwas Schmackhaftes. Auffällig auch, dass jeder Gast darauf achtet, dass die Stimmung nicht gestört wird. Gespräche werden im angenehm leisen Ton geführt. Wer an schönen Tagen eher die frische Luft genießen möchte, findet vor dem Café zwei kleine Bänke, auf denen es sich entspannt verweilen lässt. Selbstverständlich werden die „Draußensitzer" genauso freundlich und zuverlässig bedient, wie die Gäste im Café, die an diesem Tag rund Dreiviertel der Tische füllen. „Gut besucht, aber trotzdem sehr angenehm", sagt einer der Gäste. Danke, für diese perfekte Zusammenfassung.

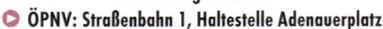

● **Café Gemach, Neustadter Straße 10, 33602 Bielefeld, Tel. (0 49 52) 1 39 95 72 74,**
www.cafe-gemach.de
● **ÖPNV: Straßenbahn 1, Haltestelle Adenauerplatz**

Hier ist tierisch was los!

44 Bauerngärtchen mit Bioladen

Hier findet gefühlt jeden Tag ein Kindergeburtstag statt, wird uns am Eingang erzählt. Kinder wuseln vor dem Eingang herum. Kein Wunder, denn hier gibt es sehr viel, was das Kinderherz begehrt. Das Bauerngärtchen macht es einem extrem leicht, sich hier wohlzufühlen. Vor der Tür schnurren Katzen. Nebenan weiden Pferde, und daneben spielen zwei Geißböcke mit ihren Kleinen. „Piep, piep", hören wir im nächsten Moment und erblicken äußerst süße Küken, die leicht verträumt über die Wiese tapern. Wem es nicht reicht: Auch Hunde, Ziegen und einige Vögel komplettieren den kleinen Zoo. Herrlich, ein Urlaub auf dem Bauernhof könnte nicht schöner sein. Vor allem dann, wenn der kleine Hunger kommt und wir in den Stall geführt werden. Hier riecht es nach Natur pur. Da schmeckt der hausgemachte Kuchen doch gleich um Längen besser. Auch weil wir uns unseren Platz selbst aussuchen können. Die Frage dabei ist: Kaffeetrinken auf dem Heuboden oder lieber Kuchen essen im Saustall? Vor allem bei Kindern sieht der Pullover nach dem Essen ja auch nicht anders aus. Als dritte Möglichkeit bietet uns die nette Chefin die Mistplatte an. Dort lockt ein Kamin, der diesen Platz gerade an ungemütlichen Tagen unwiderstehlich macht. Hier muss es einem gut gehen. Vor allem dann, wenn man die Kinder auch mal aus den Augen lassen kann. Chefin Elke Wörmann verspricht, ein Auge auf die Kleinen zu haben. Allerdings kann sie sich das fast sparen, zu paradiesisch sind die Spielmöglichkeiten für die Kleinen. Denn wenn sie nicht bei den Tieren sind, stecken sie vermutlich im Kuhstall und belagern die Spielecke. Oder sind auch mal ganz verschwunden: Denn das Bauerngärtchen bietet tolle Kutschfahrten für Kinder an. Da bleibt dann für die Eltern ruhig noch etwas Zeit, im kleinen Bioladen etwas Nettes einzukaufen. Zu verlockend liegen Obst und frisches Gemüse in der Auslage. Dazu gibt es an der Wurst- und Käsetheke herzhafte Leckereien.

TIPP Kindergeburtstage im Heu feiern mit Tieren und frischen Lebensmitteln.

Bauerngärtchen, Kirchdornberger Straße 79, 33619 Bielefeld, Tel. (05 21) 10 03 15
www.das-bauerngaertchen.de
ÖPNV: Bus 21, 158, Haltestelle Großdornberg Bürgerzentrum Dornberg

Kaiserlicher Ausblick

 45 *Die Hünenburg im Teutoburger Wald*

Der Ausblick von hier oben ist grandios, und deshalb lohnen sich auch die Mühen, die jeder Wanderer bis zur Hünenburg hinter sich bringen muss. Denn der Weg zum Ziel ist hier definitiv Teil des Zieles. So steil, so morastig. Dafür aber bestens ausgeschildert geht es eine gute halbe Stunde aus Richtung Tierpark Olderdissen hinauf zu Bielefelds höchstem Punkt. Da die Wege, die die Wanderer nehmen, auch für Autos tauglich sind, kreuzt die Strecke hier und da mal der Oberförster. Nicht, um die fleißigen Wanderer zu erschrecken, sondern um doch mal den einen oder anderen Fahrer zu erwischen. Denn mit dem Auto die Hünenburg zu erklimmen, ist zum einen nur schwer möglich, zum anderen streng verboten. Allein schon zum Schutz der zahlreichen Tierarten, die den Wald bevölkern. Wird jemand erwischt, gibt es eine Anzeige und ein Bußgeld. Für Marcel Lossie, der diesen Weg regelmäßig mit seinen Kindern geht, ist eines wichtig: „Die Luft hier ist glasklar, und das Vogelgezwitscher in den Bäumen motiviert auch mal in schwächeren Aufstiegsmomenten." Er kennt sich aus und weiß, wie wertvoll dieses Stück Natur für die Stadt ist. „Manchmal gehe ich bei Sonnenaufgang hier hoch. Die Ruhe und die Eindrücke sind dann unbezahlbar." Eines ist sicher: Ist der Bergkamm, der rund 313 Meter über dem Meeresspiegel liegt, erst erreicht, kommen die Wanderer aus dem Staunen nicht heraus. Gerade in den Monaten, in denen die Bäume noch nicht ganz so zugewachsen sind, bietet sich ein atemberaubender Rundblick über Teile des Südens von Bielefeld. Die Aussicht wird noch besser, wenn man über den Kamm nach rund 600 Metern die Hünenburg erreicht. Der höchste Turm, der 165 Meter hohe Fernmeldeturm, darf zwar nicht erklommen werden, dafür steht daneben ein historischer Turm. Und den schafft jeder. Oben angekommen, hat sich manch einer schon wie ein Kaiser gefühlt. Kein Wunder, wurden die Bauarbeiten am sogenannten Drei-Kaiser-Turm im Dreikaiserjahr 1888 begonnen und 1894 beendet. Mehr Kaiser geht für einen kaiserlichen Ausblick nun wirklich nicht.

....

○ **Hünenburg und Fernsehturm, Hünenburgstraße 1, 33649 Bielefeld, Tel. (01 51) 19 34 30 08**
○ **ÖPNV: Bus 24, Haltestelle Mönkebergstraße**

Essen, schlemmen, genießen

46 Das Moritz in Schildesche

Wer hier ist, wird gesehen. Verstecken kann sich hier niemand. Dafür ist das Moritz zu klein. Jeder wird von der Chefin Jamie Hohmuth persönlich begrüßt. Sie hat aus dem Moritz einen kleinen, feinen Wohlfühlort gemacht. Hier weiß man, was man bekommt. Und das ist ein Fest für alle Sinne, für jeden genau das Richtige. Viele Gäste kommen erst gar nicht in diesen gemütlichen Teil des Moritz, denn die meisten bleiben schon im schlicht-schönen Biergarten vor dem Lokal hängen. Zu einladend und verlockend ist der Blick auf die Schildescher Altstadt mit all ihren Fachwerkhäusern und Kopfsteinpflasterwegen. Jens schaut regelmäßig einmal in der Woche vorbei. „Ohne das Moritz würde meiner Woche etwas fehlen", sagt er und liefert die Begründung gleich hinterher: „Dieses Lokal ist ein Glücksfall. Selten trifft die Formulierung klein, aber fein so zu wie in diesem Fall." Für diese netten Worte streicht ihm Jamie Hohmuth liebevoll über die Schulter und serviert ihm ein frisches Bier. Auch für Nicole am Nachbartisch steht fest: „Hier passt einfach alles. Leckeres Essen und ein sehr nettes Team." Die Zeit vergeht wie im Flug. In der Speisekarte lacht uns die Pizza Rakku an. Kaum bestellt und ein paar nette, spontane Gespräche später, steigt einem ein verführerischer Duft in die Nase. Der erste Gedanke: Das wird doch nicht schon unser Essen sein, der zweite, besser, hoffentlich ist es unser Essen. Und bevor die finale Hoffnung ausgesprochen wird, wird der Teller auch schon elegant serviert. Vor uns liegt eine Pizza mit einem knusprigkrossen, dünnen Boden, belegt mit frischem Gemüse und Kräutern. Und als Krönung ein Hauch von Parma-Schinken und Rucola-Salat. Das Auge isst ja mit und wird hier köstlich verwöhnt. Frische Luft, ein herrlicher Blick in die Altstadt, nette Gespräche und ein vorzügliches Essen. Es könnte nicht besser sein. Hier im Moritz. In einem der schönsten Stadtteile der Stadt.

· ·

◉ Café Moritz, Johannisstraße 42, 33611 Bielefeld, Tel. (05 21) 8 77 17
◉ ÖPNV: Straßenbahn 1, Haltestelle Schildesche; Bus 27, 31, 51, 101, 155, Haltestelle Im Stift

Zeit für Träumereien

 47 *Das Jivino in der Obernstraße*

Augen zu und abtauchen. Wer die Augen nach wenigen Schritten in der Weinbar Jivino wieder öffnet, glaubt gut und gern, irgendwo in Spanien gelandet zu sein. Denn das Gewölbe im Inneren von Bielefelds ältestem Gebäude versprüht südländischen Charme, der gleich beim ersten Besuch ansteckend ist. Wir setzen uns zu anderen Gästen an einen langen Holztisch. Die Deckenhöhe ist überschaubar, was das Jivino noch gemütlicher macht. Spanische Musik rundet den ersten Eindruck wohltuend ab. Noch besser wird es beim Blick in die Karte: Tapas in allen Variationen gibt es bei vielen Spaniern, aber so liebevoll zubereitet wie hier findet man sie nur selten. Da wir uns bei der großen Auswahl nicht entscheiden können, bestellen wir eine Mischung aus den Angeboten. Die Zeit zwischen der Bestellung und dem Servieren passt ideal, um sicher zu sein, dass unser Essen frisch zubereitet wird. Bevor wir den Geschmack der Tapas genießen, gönnen wir unseren Augen den Anblick der kunstvoll angeordneten Speisen. Auf dem Teller mit Holzrand locken neun lukullische Köstlichkeiten, jede für sich ein optischer Genuss, der wenig später im Mund zum Gedicht wird. Wir wollen gar nicht wissen, welche Gewürze die Tapas hier zu etwas ganz Besonderem machen. Wir genießen einfach unser Glück, die richtige Auswahl getroffen zu haben. Goldrichtig war auch die Wahl des Weines, der uns von der Bedienung empfohlen wurde. Schöner kann ein Tapas-Abend in Spanien auch nicht sein. Zum Glück ist der Besuch danach nicht vorbei. Denn das zweite Glas dieses köstlichen Rotweines nehmen wir im elegant bestuhlten Außenbereich des Jivino ein. Wir sitzen im romantischen Licht der Laternen. Selten fällt das Genießen so leicht wie an diesem lauschigen Plätzchen. Der Wein rankt an den Wänden hoch und lässt uns träumen. Träumen davon, dass so ein Abend voller glücklicher Momente bald wiederkommen möge.

TIPP Kochen lernen im Jivino: Einfach Kurs buchen und loskochen. Das Rezeptheft gibt es dazu.

🔴 Jivino, Obernstraße 51, 33602 Bielefeld, Tel. (05 21) 5 60 95 30 und Tel. (01 71) 4 14 55 28
www.jivino-enoteca.de
🔴 ÖPNV: Straßenbahn 1, Haltestelle Adenauerplatz

Losgelöst und unbeschwert

 Unverpackt-Laden am Siegfriedplatz

Wer kennt das nicht: Die Mülltüte quillt mal wieder über. Gelbe Säcke sind nicht mehr da. Auch weil der Plastikwahn in der heutigen Zeit kein Ende zu nehmen scheint. Überall Plastik, kaum etwas, das nicht in Schalen oder Folie portioniert ist. Selbst Gurken haben eine künstliche Haut. Die einfache Lösung des Problems, die zudem immer populärer wird: die Unverpackt-Läden, die ohne Plastik ihre Waren anbieten. Auf dieses Geschäft scheint die Stadt gewartet zu haben: Selbst am Samstagnachmittag ist der erste Supermarkt, der in Bielefeld unverpackte Ware anbietet, gut besucht. Die Schlange vor der Kasse würde in anderen Geschäften für erste Stressreaktionen sorgen. Hier im Losgelöst im Bielefelder Westen scheinen tiefenentspannte Menschen einzukaufen. Kein Gedränge, keine Gemeckere wegen der langen Wartezeit. Scheinbar nur pure Erleichterung, dass der Plastikwahn endlich ein Ende hat – zumindest hier. Auch Gertrud hat zwei Behälter mitgebracht und füllt sich aus großen Gläsern, die kopfüber an der Wand angebracht sind, seelenruhig Nudeln und danach Nüsse ab. Zuvor wurden die mitgebrachten Behältnisse gewogen, um anschließend die exakte Menge bzw. das Gewicht der eingekauften Lebensmittel bestimmen zu können. Den Preis weiß der Kunde schon vorher. Er steht in 100 Gramm oder Milliliter an den Gefäßen. Doch nicht nur Biolebensmittel, Frischgemüse oder Obst sind zu kaufen, auch ökologisch wertvoll hergestellte Kosmetika und Bürsten werden angeboten. „Das Ganze hat schon den Charme früherer Kolonialwarenläden", sagt Kathrin Kappelmann, die das Geschäft zusammen mit Christian Focke betreibt und regelmäßig etwas umgestaltet und verschönert. Und das ist sicherlich gewollt, denn auch damals ging es wesentlich ruhiger zu als in der heutigen, oft stressigen Zeit. So wie im Losgelöst – entspannt und ökologisch wertvoll.

Losgelöst, Weststraße 54, 33615 Bielefeld, Tel. (05 21) 89 72 50 88
www.losgeloest-bielefeld.de
ÖPNV: Straßenbahn 4, Haltestelle Siegfriedplatz

Himmlisches Glück

 Das Mühlencafé Manna in der Alten Wassermühle

Wer hier einmal ist, der möchte garantiert nicht mehr so schnell weg. Denn wer den Begriff „liebreizend" erfunden hat, der muss vorher an der Alten Wassermühle zu Bentrup gewesen sein. Vor der Mühle liegt ein wunderschöner, fast verwunschener See. In der Mitte turteln zwei groß gewachsene Schwäne, der Rand ist mit kleinen Wasserlinsen in pastellgrüner Farbe formvollendet bedeckt. Zusammen mit der kleinen Lina, die die Schwäne füttert, gehen wir ein paar Schritte an den herrlichen Weiden vorbei und erreichen nach wenigen Minuten Mannas Mühlencafé. Gürsel Pekdemir empfängt uns mit netten Worten und bittet uns auf einen Kaffee herein. Wenn er von seinem „Reich" berichtet, gerät der Cafébesitzer regelrecht ins Schwärmen: „Wir haben hier tolle Veranstaltungen für Kinder und Eltern. Zur Landlust kommen bis zu 120 Trecker hierher. Dann feiern wir das ganze Wochenende." Herr Pekdemir bekommt strahlende Augen, als er danach von „unserem spannendsten Projekt" erzählt: „Wir haben 34 Gemüsebeete angelegt. 34 Familien können im Frühjahr zwischen 20 Gemüsesorten wählen, die sie hier eigenständig anbauen." Jedes Beet wird dann bis zur Ernte betreut, gehegt und gepflegt. „Und an Erntedank zeigen die Familien ihre Ernte." Pekdemir braucht nicht zu erwähnen, dass auch dann wieder gefeiert wird – mit Musik und „allem, was dazu gehört". Bevor wir den Hof verlassen, entdecken wir den wunderbar sortierten Hofladen. Unser Herz macht einen kleinen Sprung vor Glück. Marmeladengläser, Glasflaschen mit selbst gemachtem Öl und allerlei Keramikartikel sind in Holzregalen aufgestellt. Weil so viel Schönes auch Appetit macht, sind wir froh, dass es noch einen kleinen Happen zu essen gibt. Aus der Hofküche duftet es nach leckeren Kleinigkeiten mit frischem Gemüse. „So viel Landluft macht hungrig", sagt der Chef und serviert uns einen Imbiss mit Manna, dem himmlischen Brot. Was für ein Glück, den lieben Herrn Pekdemir kennengelernt zu haben.

TIPP Besichtigungstage der Wassermühle bietet der Müllermeister Reinhard Kruse an.

Mühlencafé Manna, Wassermühle Meyer zu Bentrup, Salzufler Straße 145, 33719 Bielefeld, Tel. (01 72) 2 62 66 36, www.olivup.com
ÖPNV: Bus 350, 351, Haltestelle Salzufler Straße

Ein leckeres Tröpfchen

50 Winzerscher Garten am Johannisberg

Nein, wir sind nicht irgendwo am Rhein oder an der Mosel. Wir sind in Bielefeld. Genauer gesagt etwas oberhalb der Stadt. Hier, am Johannisberg, wächst tatsächlich Wein, und zwar im Winzerschen Garten. Dabei hieß der frühere Besitzer des Gartens Carl W. Winzer, war Textilunternehmer und hatte mit Wein nicht viel am Hut. Am Hang, der schön angelegt wird, kann hier jeder im Herbst seinen eigenen Wein lesen. „Es reicht natürlich nicht für ergiebig viel Wein, aber ein paar Fläschchen werden schon gekeltert", verrät Christian Ebeler, der zusammen mit ein paar Freunden dieses wunderbare Fleckchen Erde in einen Weinberg verwandelt hat. Die Sonne scheint direkt auf die einzelnen Reben. Ideal, um später süße Trauben zu bekommen. Auch wenn sich mit den vorhandenen Reben keine Weinkeller füllen lassen, ist ein gewisser Ertrag immerhin sicher: Der amerikanische Wein „Vitis americana" wächst hier ganz hervorragend. Auch weil ihn kaum etwas davon abhält. Der Wein ist resistent gegen Mehltau und mehr, was den Beeren sonst noch schaden kann. Nicht nur die Weinliebhaber kommen auf ihre Kosten, auch die Frischluft- und Aussichtsfanatiker werden ihren Besuch hier oben über den Dächern der Stadt nicht bereuen. Denn der Blick auf die Stadt ist fantastisch. Da soll noch jemand behaupten, Bielefeld gebe es gar nicht. Diese Aussicht wird niemand mehr vergessen, vor allem nicht bei einem Glas mit einem selbst gekelterten Wein. Passend dazu genießen Bernd und Sophie den Sonnenuntergang, die Flasche mit einem trockenen Rotwein in Reichweite. „Okay, der ist jetzt nicht von hier. Aber an einem echten Weinberg trinkt es sich noch schöner und romantischer, vor allem bei diesem wunderschönen Ausblick", gesteht das Pärchen. Sie selbst würden hier auch gern Reben anpflanzen. „Wir haben uns bereits erkundigt. Hoffentlich wird es was." Schön wäre das. Denn dann könnten sie im nächsten lauschigen Sommer wieder hier sitzen, in der Hand ein Glas Rotwein, und zwar von ihrem eigenen Weinberg.

Winzerscher Garten, Hochstraße, 33615 Bielefeld
www.gwg-johannisberg.de
ÖPNV: Bus 21, 61, 62, Haltestelle Franziskus-Hospital

Orientalisch lecker

51 *Das AGWA in der Altstadt*

Kein Wunder, dass Adel Agwa so viele Stammkunden hat. Denn der nette Ägypter begrüßt jeden Gast persönlich und gibt gleich noch einen wohlschmeckenden Ratschlag. „Probieren Sie unsere neun kleinen Köstlichkeiten. Sie werden es nicht bereuen. Und wenn doch, dann bekommen Sie etwas anderes." Kundenzufriedenheit steht für Agwa, der sein kleines feines Restaurant seit 1989 betreibt, ganz oben auf der Liste für ein erfolgreiches Unternehmen. „Nur wenn jeder zufrieden ist, kommt er auch wieder", sagt er und deutet auf einige Schwarz-Weiß-Fotos an der Wand. Sie erzählen die Geschichte seiner Familie.

In der Zwischenzeit wird eine wohlriechende Suppe serviert. Teil eins der neun Köstlichkeiten – eine ägyptische Linsensuppe. Das Besteck dazu versteckt sich in kleinen, geschmackvollen Tüten. Die Suppe zergeht auf der Zunge, und was bleibt ist ein hauchfeiner Nachgeschmack leckerer Gewürze, die sich nicht weiter definieren lassen. „Ich musste umziehen. Eine Baustelle vor dem alten Restaurant." An seiner Handbewegung erahnt man, dass er nun sein Glück gefunden hat. Das neue Zuhause ist

TIPP *Unbedingt die orientalische Vielfalt genießen!*

ein kleiner Raum mit fünf gemütlich eingedeckten Tischen und einem längeren, an dem sich an diesem Abend drei Freunde ein paar Bier schmecken lassen – und auch die sind selbstverständlich Stammgäste. Die nächsten Kleinigkeiten, die alle der orientalischen Küche entspringen, werden zusammen serviert: Artischocken, Hummus und Auberginenmus mit Granatapfelkernen. Ein Highlight für alle Sinne. Wie alles, was Agwa den Gästen auf den Teller zaubert.

Allerdings taucht dieser Gaumenschmaus gar nicht auf der ansonsten sehr übersichtlichen Karte auf. „Das sind Spezialitäten, die jeder Gast irgendwann kennt", schmunzelt Agwa. Klar, es sind ja auch überwiegend Gäste, die nicht das erste Mal hier sind. Und man ahnt, dass es nach diesem Erlebnis auch nur wenige geben dürfte, die sich in absehbarer Zeit nicht zu den Stammgästen zählen wollen.

Restaurant AGWA, Neustädterstraße 10, 33602 Bielefeld, Tel. (05 21) 9 77 97 17
www.essenundtrinken-bielefeld.de
ÖPNV: Straßenbahn 1, Haltestelle Adenauerplatz

Jazzig und einzigartig

52 *Konzerte im Bunker Ulmenwall*

Glücklich kann der sein, der sich geborgen fühlt und für ein paar Momente die Welt um sich herum vergisst. Was eignet sich dafür besser als ein Ort unter der Erde. Der Bunker Ulmenwall ist anders, speziell, man muss sich auf ihn einlassen. Die 15 Treppen hinab zur Eingangstür des Bunkers sind schnell bewältigt. Und der erste Eindruck ist positiv. Statt schwarzer Wände wie noch vor einigen Jahren, sind sie nun weiß gestrichen und verleihen dem Ort eine gewisse Freundlichkeit. Die Künstler, die hier an rund 200 Tagen im Jahr auftreten, erwartet eine Besonderheit, die nicht bei jeder Location gegeben ist. Die Zuschauer flankieren die Darsteller von drei Seiten. „Das verschafft den Auftritten eine ganz besondere Atmosphäre", sagt Frieda Wieczorek. An diesem Abend findet eines von vielen Jazzkonzerten im Bunker statt. „Die Akustik ist ideal für diese Art von Musik", klärt die Geschäftsführerin auf. Doch die Angebotspalette hält weit mehr als nur Jazz für Kultur-Interessierte bereit. Jeden Mittwoch gibt's Poetry-Slam, aber auch Electromusik und chilliger Gitarrenpop von Mrs. Greenbird gehören zum Programm.

TIPP Wer Poetry-Slam mag ist hier richtig. Jeden Mittwoch wird nach Herzenslust getextet und geslamt.

Der Bunker, der während des Zweiten Weltkrieges der Erstversorgung verletzter Personen bei Luftangriffen diente, bietet dem Publikum eine fast intime Atmosphäre. Künstler und Zuschauer begegnen sich hier auf engstem Raum. Und genau das macht jedes Event so einzigartig. Der Lohn dafür sind zahlreiche Musikpreise, die der Bunker schon abgeräumt hat. Unter anderem den APPLAUS 2018, der bundesweit jährlich an 94 Clubs vergeben wird. Außerdem hat das Land Nordrhein-Westfalen den Bunker für „herausragende Programme" geehrt. Wiezorek lebte in den 90ern fünf Jahre in London und hat sich nach ihrer Rückkehr sofort wieder in Bielefeld verliebt. „Denn die kulturelle Szene in der Stadt ist auch durch den Bunker Ulmenwall großartig", schwärmt sie. Gäste, die sie aus London einmal im Jahr einlädt, empfinden die Reise jedes Mal als Belohnung und sind hellauf begeistert – das liegt vor allem am Bunker Ulmenwall.

Bunker Ulmenwall, Kreuzstraße 0, 33602 Bielefeld, Tel. (05 21) 1 36 81 70
www.bunker-ulmenwall.org
ÖPNV: Straßenbahn 1, Haltestelle Landgericht

Rührei? Vegan und lecker

53 *Das Moccaklatsch an der Arndtstraße*

Das Rührei zergeht leicht und lecker auf der Zunge, etwas süßlich im Geschmack. Und damit beginnt das Besondere. Denn die Konsistenz ist körnig, deshalb dauert das Kauen auch länger als bei einem normalen Rührei. Das Unnormale am Moccaklatsch-Rührei? Es ist vegan! Moment, ein Rührei ohne Ei? Denn sonst wäre es ja kaum vegan. Mustafa Yilmaz schmunzelt und gesteht: „Wir haben uns da beim Tofu bedient", erzählt der Chef. Das Tofu wird klein gestampft, bis es fast die Konsistenz von normalem Rührei hat. Dass die Küche im Moccaklatsch sich dieses kleinen Tricks bedient – geschenkt. Zu lecker schmeckt die vegane Variante. Wie überhaupt alles an diesem Sonntag, was bei dem ausschließlich veganen oder wahlweise vegetarischen Buffet auf den Tisch kommt. Als da wären unter anderem: getrocknete Tomaten, Hummus, Möhren-Aufstrich, Olivenfrischkäse, Avocado-Dip – alles vegan versteht sich. Das Moccaklatsch bietet als eines der ganz wenigen Cafés so ein Buffet an. Entsprechend groß ist der Andrang. Eine Reservierung empfiehlt sich schon mehrere Tage im Voraus. Wer am Sonntagmorgen sein Glück versucht, wird auf die Mittagszeit vertröstet. „Da könnte wieder ein Tisch frei sein." Wer es nur unter der Woche schafft, kann auch lecker frühstücken, muss dann zwar aufs Buffet verzichten, hat aber immer noch die Wahl zwischen „das Vegane" und den vegetarischen Alternativen „Süß" und „Scharf". Wer es deftig mag, für den hält der türkische Chef zwei Brötchen, reichlich Käse, gebratenes Sucuk (türkische Knoblauchwurst) und ein Ei bereit. Selbst bei der Burger-Auswahl hat das Moccaklatsch ein Herz für die fleischlosen Esser. Der Biss in den Veggieburger lohnt ebenso wie der Veganburger mit einem hausgemachten Bratling und selbst gemachten Wedges. Ein Genuss! Auf Wunsch können viele der Gerichte selbstverständlich auch glutenfrei bestellt werden. Wer lieber einen netten Cocktail in der Abenddämmerung mag, kommt im Moccaklatsch selbstverständlich auch auf seine Kosten.

• Moccaklatsch, Arndtstraße 11, 33602 Bielefeld, Tel. (05 21) 7 70 94 31
www.moccaklatsch.de
• ÖPNV: Straßenbahn 1, 2, 3, 4, Haltestelle Jahnplatz;
Bus 25,26, Haltestelle Elsa-Brändström-Straße

(Phil-)Harmonie auf der Wiese

54 *Der Oetkerpark neben der Oetkerhalle*

Leise ertönt aus der Ferne das zarte Geräusch spielender Kinder, die über die Wiese laufen und einem Ball hinterherjagen. Doch schon schließen sich die Augen wieder und genießen den Augenblick, den man gern für immer festhalten möchte – hier auf der hochgeschwungenen Wiese im Bürgerpark, den viele Bielefelder eher unter dem Namen Oetkerpark abgespeichert haben. Auch weil in der angrenzenden Oetkerhalle abends oft herrliche klassische Musik erklingt. Inmitten des Parks liegt, architektonisch wunderbar angelegt, ein kleiner See, aus dem zeitweise eine Wasserfontäne nach oben schießt. Wenn dann noch das Gezwitscher der Vögel zu hören ist, ist das Kleinod inmitten der Großstadt perfekt. Mittendrin und doch ganz allein mit sich. All das bietet einem eine Stunde in diesem Park. Gegen Abend mehren sich kleine Grüppchen, die den Tag auf der Wiese mit einem Glas Wein ausklingen lassen. Oder mit der Gitarre ein paar wohlklingende Lieder zum Besten geben. An diesem lauschigen Sommerabend im Juli ist aber alles anders. Statt kleiner Grüppchen werden rund 500 Musikfans hier erwartet, denn einmal im Jahr gibt es im Oetkerpark ein Konzert vom Feinsten. Dann werden hier die Bielefelder Philharmoniker aufspielen und den Park in eine Konzertbühne verwandeln, die ein bisschen an den Hydepark in London erinnert. Hunderte werden auf dem Rasen des Parks sitzen, picknicken und es sich mit Wein oder Bier gut gehen lassen. Gekrönt wird der Abend von einem spektakulären Feuerwerk, das weit über die Stadtgrenzen zu sehen sein wird. Bunt, wild und ganz besonders einzigartig geht das Konzert zu Ende. Und anschließend werden alle glückselig nach Hause gehen und denken: Schade, dass dieses Event nicht häufiger stattfindet. „Die Besucher erwartet ein außergewöhnliches Ereignis", sagt Martin Knabenreich, Geschäftsführer von Bielefeld Marketing. Doch bis es an diesem Tag so weit ist, können die Vögel noch ein bisschen zwitschern und die Kinder ein bisschen toben.

· ·

◯ Oetkerpark, Lampingstraße 3, 33615 Bielefeld
◯ ÖPNV: Straßenbahn 4, Haltestelle August-Oetker-Halle

Verführerische Köstlichkeiten

55 *Das Numa in der Obernstraße*

Kaum haben wir das Numa betreten, wird klar, was das Besondere am Restaurant in der Obernstraße ist. „Wir wollen uns authentisch präsentieren", sagt Lars Reddemann, einer der beiden Chefs. Er selbst ist Koch, genau wie sein Kompagnon Dirk Timmermann. Beide haben jahrelang Erfahrung in Europas Sternerestaurants gesammelt. Deshalb wissen sie, was Gäste mögen.

Jeder soll schon bei der Zubereitung sehen können, was später auf den Teller kommt. Daher haben sie in den Gastraum eine offene Küche eingebaut. „Wir wollen nichts verheimlichen. Jeder Gast bekommt so ein Stück Live-Atmosphäre." Der Vorteil außerdem: Die Gäste fühlen sich ein bisschen wie zu Hause, wo die Küche ja auch oft ein zentraler Ort ist. Das Numa jedoch nur auf diesen Hingucker zu reduzieren, würde dem Restaurant nicht gerecht werden. Dirk Timmermann schwingt für uns den Kochlöffel und erzählt, was er zubereitet. „Wir kochen mediterran und asiatisch." Diese unterschiedlichen Stilrichtungen werden aber niemals miteinander kombiniert.

Hier wird saisonale Küche gelebt. Das Gemüse kommt größtenteils vom Bioland Hof Meyer zu Theenhausen aus dem benachbarten Werther. Während Dirk Timmermann erzählt, brutzelt in der Pfanne schon Ingwer und Koriander. Es duftet verführerisch, Und wenig später serviert er uns einen indischen Grünkohl, der bereits in der Präsentation ein Augenschmaus ist und bei der ersten Kostprobe zum Erlebnis wird. „Versuchen müssen Sie aber unbedingt auch unsere Mulligatawny Soup. Mittlerweile ein Klassiker auf der Speisekarte." Ebenfalls spannend auch der apulische Burrata, zurzeit mit Wintersalaten, mariniertem Broccoli, eingelegtem Topinambur, Brunnenkresse und Sauerteig-Focaccia mit Haselnüssen ergänzt. Hört sich nicht nur fantastisch an, schmeckt auch so. Kein Wunder, dass so viel kreative, hochwertige Kochkunst jüngst erst wieder in den Gault Millau, die Feinschmecker-Bibel, aufgenommen wurde. Ein wahrlich himmlisches Vergnügen!

· ·

Numa, Obernstraße 26, 33602 Bielefeld, Tel (05 21) 9 68 74 78
www.numa.de
ÖPNV: Straßenbahn 1, Haltestelle Adenauerplatz; Straßenbahn 2, 3, 4, Haltestelle Rathaus

Kreative Glücksgefühle

56 *Siebdruck im Frieda-Werkstattladen*

Zugegeben: Frieda-Werkstattladen muss man erst einmal finden. Selbst wenn man davorsteht, fällt er nicht gleich ins Auge. Aber wenn man das kleine Lädchen, das eher einer Werkstatt gleicht, betreten hat, weiß man, dass es gut ist, hier zu sein. Denn hier ist es so farbenfroh, und zudem liegt ein Hauch von Kunst in der Luft, sodass man am liebsten gleich loslegen möchte. Loslegen? Fragt sich nur: Womit? „Ich biete vor allem für Frauen, aber natürlich auch für Männer an, die Kunst des Siebdrucks zu erlernen und eigene, persönliche Werke damit zu erschaffen", sagt Nicole Köhring, die den Laden nach dem Vornamen ihrer geliebten Oma benannt hat. Was daraus werden kann, wenn man mal losgelegt hat, ist in der Werkstatt sichtbar. Vor allem gibt's selbst gestaltete Karten: Buchstabenkarten, Klappkarten, Hochzeitskarten, Trauerkarten und so weiter. Der Weg dahin ist weit einfacher, als es zunächst scheint. Fast gleichzeitig legen die fünf Frauen an diesem Abend ein T-Shirt auf den Tisch, darüber kommt eine Schablone mit dem Motiv ihrer Wahl, und zu guter Letzt legt die Chefin die Siebdruckform über T-Shirt und Schablone. „Es ist am Anfang besser, wenn ich das mache. Dann verrutscht nichts." Wäre doch ärgerlich, wenn das selbst gedruckte Shirt verschmiert oder etwas unprofessionell aussieht. Schließlich sind einige Damen heute hier, um das Kunstwerk zu verschenken. Bei ihnen ist die Nervosität vor dem Fehlversuch deutlich anzumerken. Doch Nicole Köhring beruhigt und wirft Begriffe wie „kinderleicht" und „am Ende sieht es immer schön aus" ein, was die Frauen sichtlich beruhigt. „Wenn es gar nicht geht, gibt es auch mal ein Sektchen. Dann läuft es wie geschmiert", sagt die Grafikdesignerin. Doch an diesem Abend schmiert nichts. Die Damen streichen mit verschiedenen Spachteln ihre Farbe über das Sieb, und wenig später hängen die T-Shirts schon zum Trocknen in einem extra Raum. Rechtzeitig zum gereichten Glas Sekt erfolgt die T-Shirt-Anprobe. Die Gläser klingen, die Shirts sitzen – ein gelungener Abend.

TIPP Einfach mal ausprobieren: Siebdruckkurse für Anfänger. Geht auch als Geschenk-Gutschein.

▶ Frieda-Werkstattladen, Ehlentruper Weg 1, 33604 Bielefeld, Tel. (05 21) 94 97 69 64
www.frieda-werkstattladen.de
▶ ÖPNV: Straßenbahn 3, Haltestelle Oststraße

Jeder ist hier ein Sieger

 57 *Der Hermannsweg im Teutoburger Wald*

Herrlich, diese Ruhe. Dieser Weitblick über die Stadt auf der einen und den Teutoburger Wald auf der anderen Seite. Unter den Füßen knacken die Äste, und durch die Luft wirbeln an diesem Sonnentag die Blätter. Hier kann man mit sich und der Natur allein sein. Kilometerlang. Jedenfalls, wenn man sich das Zwitschern der Vögel wegdenkt. Denn an diesem Sonntagmorgen ist noch nicht allzu viel los. Starten wir an der Sparrenburg, von dort führt der Weg über die Promenade mit einem sehr schönen Blick auf den Ostteil der Stadt. Hier endet am letzten Sonntag im April immer der Hermannslauf. Der Hermannslauf auf dem Hermannsweg. Schönes Wortspiel. Gute 30 Kilometer geht es rauf und runter, über Asphalt, Waldboden, Kopfsteinpflaster und Sand. Eine Tour mit Publikum und Applaus auf einem der schönsten Wanderwege unseres Landes. Und da, wo die Beine schwer werden und die Füße schmerzen, beginnt der Bielefelder Teil der Strecke. Auch wenn die wunderschöne Natur für die Läufer vielleicht zweitrangig ist, die zahlreichen Zuschauer stehen sicherlich deshalb an der Strecke, weil es bis zur Sparrenburg so viele unglaublich schöne Aussichtspunkte gibt. Für Wanderer sind die Lämershagener Treppen mit ihren 120 Stufen und 45 Höhenmetern eine Herausforderung, die sich aber lohnt. Schließlich lockt wenig später die Aussicht vom Eisernen Anton, der früher mal Bismarckturm hieß.

TIPP Unter www.wander-kompass.de finden sich tolle Routen für den Hermannsweg.

Sind die zehn Meter hinauf auf den Turm und wieder hinab geschafft, lockt eine Stärkung im Eisernen Anton, diesmal die Bezeichnung für das gleichnamige Restaurant nebenan. Danach geht es gefühlte zigmal wieder rauf und runter – so ist er nun mal, der Hermannsweg –, bevor die Habichtshöhe zu einer weiteren Pause einlädt. Vorbei an Brands Busch folgt dann ein letzter Anstieg über den Tränenhügel, der wirklich so heißt. Und schon ist man wieder auf der eingangs erwähnten Promenade. Hier kann sich dann jeder wie ein kleiner Sieger fühlen, auch ohne am Hermannslauf teilgenommen zu haben.

Hermannsweg, Habichtshöhe, Bodelschwinghstraße 79, 33604 Bielefeld
ÖPNV: Bus 28, 36, Haltestelle Habichtshöhe

Für jeden etwas dabei!

58 Der Alte Markt in der Altstadt

Bitte hinsetzen, abschalten und genießen: Der alte Markt ist das Herz der Altstadt und eine Wohltat fürs Auge. Architektonisch ein absoluter Hauptgewinn: Alle angrenzenden Häuser stehen unter Denkmalschutz. Ein besonders schönes Gebäude ist das Crüwellhaus mit seinem spätgotischen Staffelgiebel aus dem Jahr 1530. Lohnenswert ist ein Blick ins Innere des Hauses. Über 7000 wunderschöne Delfter Kacheln aus dem 16. bis 18. Jahrhundert im Treppenhaus, so ein Anblick ist selten und auch deshalb ein optischer Genuss. Es handelt sich um die wohl größte Sammlung dieser Art in Nordwestdeutschland. Ein Grund mehr, hierher einen Abstecher zu machen. Da das Treppenhaus mit einer Glastür versehen ist, kann man einen Teil der Kacheln auch schon von außen sehen.

An diesem Tag verwandelt sich der Platz wie jeden Dienstag, Freitag und Samstag in ein Blumenmeer. Wieder mal ist Wochenmarkt. Wer Märkte mag, kommt hier voll auf seine Kosten. Und das nicht nur an den genannten drei Tagen. Denn im September werden hier beim Weinmarkt Zwiebelkuchen und Federweißer verkauft, und wenn der Weihnachtsmarkt Ende November startet, verwandelt sich der

TIPP Immer ein Genuss: Ein Bummel lässt sich mit einem Besuch des Theaters am Alten Markt abrunden.

Platz in ein romantisches Winter-Wunderland, das jeden Abend zwar voller Menschen ist, aber dennoch einen Besuch wert. Wem der Rummel zu viel wird, der verzieht sich in das „Theater am Alten Markt". Hier werden nette kleine Stücke gespielt. Die Garderobe ist zwanglos. Eine Etage tiefer gibt es in Wernings Weinstuben leckersten Vino und einen kleinen Snack dazu. Allein schon die Gewölbe hier unten sind einen Besuch wert. Wem dann doch lieber nach etwas Süßem ist, der geht in den „Coffee Store" an der Ecke zur Niedernstraße. Hier gibt es den besten Kaffee der Stadt. Wir halten an dieser Stelle also mal fest: Ein Markt – tausend Möglichkeiten und somit ein absolutes Muss!

○ Alter Markt, 33602 Bielefeld, Tel. (05 21) 3 29 24 82
www.bielefeld.jetzt/alter-markt
○ ÖPNV: Straßenbahn 1, 2, 3, 4, Haltestelle Rathaus

Vive la France!

59 *Heinrich sein Enkel am Siegfriedplatz*

Vive la France! Für sein französisches Lebensgefühl muss der Bielefelder nicht mehr unbedingt nach Paris an die Seine fahren, sondern kann den kurzen Weg in den Bielefelder Westen wählen. Da empfängt ihn Heinrich sein Enkel, öffnet einem im wahrsten Sinne des Wortes selbst die Tür. Jedenfalls, wenn man vorbestellt hat, was sich hier empfiehlt. Und schon steht man mittendrin auf der französischen Seite der Stadt. Ist der Hunger nicht so groß wie an diesem Abend, reicht Besitzer Torben Bunte selbst gebackenes Brot und erzählt einen netten Schwank über die Weine seiner kleinen, feinen Weinbar. Denn zu jedem Essen, das akkurat mit Kreide auf die Schiefertafel oberhalb des Tresens handgeschrieben wurde, wird der exakt passende Wein empfohlen. Die Auswahl der Speisen ist auf eine Zahl knapp unter zehn begrenzt, was gut ist für den Gast. Garantiert es doch frische Zutaten und eine wechselnde Speisekarte. Und die wechselt „saisonal", wie der Chef betont. „Gibt es Fleisch, servieren wir Fleisch. Ist das Fleisch ausverkauft, bekommt der Gast auch mal Fisch." Wichtig sind ihm einfache Gerichte mit qualitativ hochwertigen Zutaten. „Und bloß kein Möchtegern-Chichi." Das nimmt man ihm sofort ab, auch wenn wir uns an diesem Abend nur auf einen kleinen Appetithappen an der Theke einfinden. Das frische Brot ist ein Genuss. Dazu erklärt Torben das Wesentliche über die passenden Weine. Kurz, knapp, unterhaltsam und deshalb sehr verständlich. Kein Wunder, dass der Wein, der anschließend serviert wird, köstlich mundet und selbst ein spartanisches Essen wie Brot, Käse, Schinken und Wein zu einem gemütlichen und geschmacklich hochwertigen Abend werden lässt. Das Handwerkszeug dafür hat er in Paris gelernt und vor allem von seinem Opa. „Der hieß Heinrich und hat mir immer seine Art vorgelebt, den Gast zufrieden wieder nach Hause gehen zu lassen." Klar, dass das auch sein Ziel ist. Von Heinrich seinem Enkel. Wer grammatikalische Zweifel am Namen hat, dem sei gesagt: Das sagt man hier in Ostwestfalen so.

TIPP Wer Wissenswertes über Wein erfahren will: Weinproben und Weinabende gibt es hier regelmäßig.

◐ Heinrich sein Enkel, Rolandstraße 20, 33615 Bielefeld, Tel. (05 21) 89 72 44 99
www.heinrichseinenkel.de
◐ ÖPNV: Straßenbahn 4, Haltestelle Siegfriedplatz

Süßes für Schleckermäuler

 60 *Steinkrögers Hofladen in der Senne*

Nein, Anfragen für einen romantischen amerikanischen Film hatten sie bislang noch nicht, sagt Hofladen-Chef Kai Steinkröger. Dabei ist sein Geschäft so märchenhaft schön eingerichtet, dass selbst jeder Kitschfilm noch die positive Randbemerkung bekäme: „Die Kulisse war aber atemberaubend." Denn was Steinkröger und sein Team hier geschaffen haben, ist malerisch. Oder einfach filmreif. Selbst der Kutschwagen aus dem frühen 20. Jahrhundert, der dekorativ in der ersten Etage steht, passt perfekt zur Einrichtung. Darunter, sozusagen im Erdgeschoss ist alles landhausstilgerecht, sehr akkurat einsortiert. Vor allem die zahlreichen Marmeladengläschen fallen gleich ins Auge. 80 hauseigene Rezepte und alle ursprünglich von der Oma des Besitzers gekocht. Darunter finden sich bei Weitem nicht nur die gängigen Sorten. Auch wer etwas Ausgefallenes mag, kommt bei Steinkrögers voll auf seine Kosten. Wer Sauerkirschen liebt, sich dazu gerne mal einen Obstler genehmigt und abschließend ein Stück Schokolade nascht, der bekommt das im Hofladen alles zusammen. Drei-in-Einem sozusagen: in der Sauerkirsch-Schokoladen-Obstler-Marmelade. Wer es lieber herzhaft mag,

TIPP Ein Traum ist der Bauernmarkt auf Steinkrögers Hof. Stöbern geht da ganz einfach.

kann zwischen einem knappen Dutzend Kartoffeln wählen. Darunter so klangvolle Namen wie die Bamberger Hörnchen mit einem sehr nussigen Aroma oder auch die Vitelotte. Das Besondere an der Vitelotte: Sie ist eine französische Trüffelkartoffel und mehr oder weniger komplett violett. Wer trotz der schmucken Gestaltung noch immer fantasielos nach einem Geschenk sucht, dem kann Kai Steinkröger schnell helfen. „Wir haben allerlei Öle, die gut für den Magen sind. Außerdem packen wir aus unserem Sortiment auch gern Präsentkörbe." Da selbstverständlich auch der Hofladen ökologisch wertvoll denkt, können die Kunden viele Produkte in den eigenen Gefäßen mit nach Hause nehmen. „Gerade die Ölsorten kommen dabei besonders gut zur Geltung", sagt Steinkröger und das, obwohl schon der Laden ein reines Gedicht ist.

● Steinkrögers Hofladen, Nordfeldweg 32, 33659 Bielefeld, Tel. (05 21) 40 14 88
www.steinkroegers-hof.de
● ÖPNV: Bus 28, 36, Haltestelle Nordfeldweg

Geschichte macht glücklich

 61 *Das Historische Museum im Ravensberger Park*

Wer schon immer mal über den Dächern Bielefelds wandern wollte, hat im Historischen Museum eine prima Gelegenheit dazu. Denn gleich im ersten Raum ist eine Luftaufnahme auf den Boden projiziert worden. Beeindruckend, Bielefeld mal aus dieser Perspektive zu sehen. Vor allem für Kinder, die an diesem Tag fast pausenlos vom Westen in den Osten und vom Süden in den Norden laufen, springen oder sich einfach quer über die Stadt legen. Gleich nebenan sitzt eine kleine Gruppe Frauen an einem ausgezogenen Tisch und schlürft begeistert Sekt. Sekt und Museum? Passt das zusammen? „Sehr gut sogar", betont Kelly Boyd vom Historischen Museum, „hier feiern viele Frauen ihren Junggesellinnenabschied." Passend dazu gibt es verschiedene Brautkleider aus unterschiedlichen Jahrhunderten – Anprobe für die Frauen selbstverständlich inklusive. Und das nicht nur für die Braut. Egal, ob im „Hippie"- oder „Sissi"-Stil, hier ist für jede etwas dabei. Dazu gibt es Schleier, Hüte und viele weitere nette Accessoires. Als kleine Erinnerung nehmen die Frauen an diesem Abend ein Gruppenfoto mit nach Hause, jede im Brautkleid ihrer Wahl.

TIPP *Der Junggesellinnen-abschied kostet 20 Euro pro Person.*

Wer Bielefeld mag, sollte sich auch einen Blick in die Vergangenheit der Stadt gönnen. Denn wer sich für die spannende Geschichte der Stadt interessiert, wird hier ebenfalls fündig. Denn kaum jemand weiß, dass Bielefeld 1214 durch die Grafen von Ravensberg gegründet wurde und um 1350 ein kleines Dorf mit gerade mal 2000 Einwohnern war. Das Museum hat es sich zur Aufgabe gemacht, Geschichte spannend, informativ und unterhaltsam zu präsentieren. „Kompliment, das haben sie geschafft", sagt eine ältere Dame, die viele Epochen der Stadt noch aus eigener Erfahrung kennt. Für dieses innovative Konzept erhielt das Museum verschiedene Preise und Auszeichnungen – völlig zu Recht! Denn so machen Museen Spaß und auch vielleicht etwas glücklich.

▶ **Historisches Museum, Ravensberger Park 2, 33607 Bielefeld, Tel. (05 21) 51 36 35**
www.historisches-museum-bielefeld.de
▶ **ÖPNV: Diverse Busse, Haltestelle Volkshochschule; Bus 25, 26, Haltestelle Kesselbrink**

Glück zum Genießen

 Frühstück im Zweischlingen

Hier sind sie alle: die Großfamilien, die Kleinfamilien und Kleinstfamilien und die, die gern erst noch eine werden wollen. Und warum: Weil sie hier schlemmen, schlürfen und schlecken können, dass es eine wahre Lust ist. Schon beim Zuschauen kommt man auf seine Kosten. Sie sitzen an langen Tischen mit allerlei Leckerem vom üppigen Brunch, das sehr appetitlich am Tresen zubereitet wird, darunter Lachs, Speck und Rührei in drei Varianten. Dazu Brot in allen Formen, mit und ohne Körner, ganz so, wonach es einen in diesem Moment gelüstet. Zwei großzügige Räume im Landhausstil sind an den Sonn- und Feiertagen, wenn dieser Schmaus angeboten wird, stets ausgebucht. Wer nicht reserviert hat, bekommt einen ungläubigen Blick. Doch nur wenige Minuten später winkt der Kellner und zeigt auf einen kleinen Tisch, „der gerade noch frei ist", wie er sagt. Dennoch ist vorher anrufen unbedingt empfohlen. Empfohlen ist auch, die lieben Kinder mitzubringen. Denn erstens gibt es hier viele, zweitens bekommen auch sie lecker und kindgerecht zu essen. Ein kleiner Tisch neben der ellenlangen Buffetzeile ist gut gefüllt mit Quark, Pudding, Früchten und noch viel mehr, bei dem kaum ein Kind den Kopf schüttelt, sondern lieber zugreift, ohne dass Mami oder Papi dazu auffordern müssten. Und während Teile der Großfamilie immer noch an den langen Tischen sitzen und speisen, stehen die Halbwüchsigen am Billardtisch und lassen sich kurz das Spiel erklären. Ein Erwachsener, der gerade zufällig in der Nähe ist, findet sich als Erklärer immer. Für die Kleinsten, deren Nase noch nicht über den Billardtisch reicht, wird nebenan eine Tür geöffnet, hinter der an anderen Tagen abends mal gern laute Disco-Musik, Tanz-Unterricht oder Kabarettaufführungen stattfinden. Heute aber gibt es Kindermusik zu bunten, wechselnden Lichtern – sehr zum Entzücken der Kinder. Und sicherlich auch der Eltern, die noch immer speisen. An langen Tischen. Mit allerlei Leckereien.

●●●

Zweischlingen, Osnabrücker Straße 200, 33649 Bielefeld, Tel. (05 21) 4 04 20 59
www.zweischlingen-gastro.de
ÖPNV: Bus 22, 48, 121, Haltestelle Zweischlingen

Zaubertees vom Miraculix

 Natur pur im Reservat Rieselfelder Windel

Natur pur in der Biologischen Station Bielefeld! Wer frische Luft atmen möchte, ist an diesem Ort genau richtig. Hier gibt es Urlaub für die Augen und die Sinne gratis, perfekt, um abzuschalten. Denn nicht umsonst fühlen sich über 750 Tier- und seltene Pflanzenarten pudelwohl und können völlig ungestört wachsen und gedeihen. Hier findet man Hilfe, wenn irgendein Wehwehchen drückt. Dann sind Jörn Ehlers und Carolin Jahn sofort zur Stelle. Erste Station der wohltuenden Therapie: Ein Gang entlang der Kräuter, die rund um einen naturbelassenen Teich wachsen. „Hier gibt es für alles das richtige Kraut. Egal, wogegen es helfen soll", betont Jörn Ehlers. Und gesünder als die gute alte Schulmedizin sei es sowieso, fügt er hinzu. Beim Spaziergang duftet es urplötzlich nach einer Mischung aus Lavendel und Melisse. Ute, die regelmäßig an den Ausflügen teilnimmt, freut sich schon. „Es ist unglaublich, aber wenn ich hier Kräuter pflücke und zu Hause daraus einen Tee mache, fühle ich mich bärenstark", sagt die Architektin, die zugibt, dass ihr Job „manchmal ganz schön stressig sein kann. Doch dann gehe ich mit Jörn und Carolin in die Kräuter, und schon ist alles wie weggeblasen." Einige der Teilnehmer nennen Jörn auch Miraculix, wie den Druiden im Asterix-Comic der den beiden Hauptfiguren aus verschiedenen Kräutern immer wieder den Zaubertrank braut, der beide unbesiegbar macht. „Seitdem ich weiß, dass Jan immer die richtigen Kräuter für mich hat, fühle ich mich auch ein bisschen unbesiegbar", schmunzelt Ute. Ein paar Schritte weiter riecht es lecker und würzig. „Hier wächst der Beinwell", klärt Miraculix-Jörn auf. Wenn der Darm mal Unterstützung braucht, hilft Beinwell sofort. „In der Medizin wird das Kraut auch bei Brüchen eingesetzt, weil es die Heilung beschleunigt." Jörn hat in seinem Kräuterparadies am Teich rund 300 Arten, aus denen er Tees zubereiten kann. Kein Wunder, dass er seit Jahren topfit ist. Gegen den Kräuter-Miraculix aus Bielefeld hat kein Wehwehchen eine Chance. Und das ist auch gut so.

TIPP Zu einem spannenden Ausflug oder Kindergeburtstag anmelden!

▶ **Biologische Station Rieselfelder Windel, Niederheide 63, 33659 Bielefeld**
www.rieselfelder-windel.de
▶ **ÖPNV: Bus 94, Haltestelle Senne Busbahnhof Windelsbleiche**

Abschalten und versacken

64 *Wein im Strada No. 4 genießen*

Der Abend ist noch jung, und trotzdem ist das Strada No. 4 schon recht voll. Auffällig viele Frauen sitzen mit ihren Freundinnen an den Tischen im Zimmer mit schier unzähligen Bildern an der Wand. Der Eindruck eines Schlosszimmers mit gemütlichem Ambiente drängt sich auf. Der Chef begrüßt viele Gäste mit Handschlag. Das Strada No. 4 lebt und liebt seine zahlreichen Stammgäste oder die, die es noch werden wollen. Denn sobald man die Räume betreten hat, entsteht hier ein wohliges Gefühl. Ein Gefühl von: „Hier bin ich und hier möchte ich bleiben." Die bauchigen Weingläser werden schnell und gekonnt gefüllt und zwei Singles gereicht, die sich die beiden Plätze am Fenster ausgesucht haben. Passend sitzen sie auf Hochstühlen. Denn von hier aus können sie das bunte Treiben besser beobachten. Schon betreten neue Gäste das Restaurant und werden empfangen, wie es bei einer Party unter Freunden der Fall ist: herzlich willkommen und persönlich. Wer sich hierher alleine verirrt, hat bei der Platzwahl kein Problem. Denn im Raum mit den vielen Bildern, der einem Saal gleicht, flankiert eine Hochstuhlreihe samt ellenlangem Tisch die Fensterseite. Hier lässt sich

TIPP *Für alle Fischliebhaber ein Muss: der leckere Fischeintopf à la Marseille. Ein Gedicht!*

Wein herrlich genießen und unauffällig die Szenerie studieren. Wein scheint das Statusgetränk zu sein, denn fast kein Tisch ist ohne eine entsprechende Karaffe. Dazu hält die übersichtliche Karte Tapas, eine opulente Käseplatte und weitere Leckereien bereit. Vor allem die Käseplatte überzeugt durch ihre Zubereitung und die Auswahl der Sorten. Einfacher Edamer liegt Seite an Seite mit herzhaftem Roquefort. Dekoriert mit einer süßen Sauce. Eine Mixtur, die im Gaumen perfekt mundet und Lust auf mehr macht. Ist das „Mehr" ein weiterer Wein, ist das Strada No. 4 der ideale Ort, um hier gemütlich zu versacken. Und wer nicht versackt, kommt sicherlich bald wieder.

> Strada No. 4, Siechenmarschstraße 4, 33615 Bielefeld, Tel. (05 21) 5 57 38 94
> www.la-strada-bielefeld.de
> ÖPNV: Bus 25, 26, Haltestelle Friedrichstraße

Ein Traum von einem Tierpark

65 *Kinder-Spaß in Olderdissen*

Bevor es losgeht, gibt's noch eine kleine Stärkung in einem der schönsten Cafés der Stadt. Der Vorteil: Der Meierhof liegt genau am Eingang zum Tierpark. Hier sitzt es sich so herrlich in der Sonne, dass allein das schon ein netter Ausflug wäre. Doch das Beste kommt ja erst noch. Keine zwanzig Schritte vom Café entfernt, steht man schon am Eingang zum Tierpark Olderdissen, der in Bielefeld schlicht nur Olderdissen genannt wird. Das Beste am Eingang: Eine Kasse sucht man vergeblich. Denn der Eintritt ist frei! Und das ist schon das zweite Highlight neben dem Café. Denn ein vergleichbar großer und so schöner Tierpark, der kostenlos ist, ist wohl nur schwer zu finden. Immerhin gibt's es hier über 90 Tierarten zu bestaunen. Gleich am Anfang kommt man nur langsam vorwärts. Jedenfalls wenn Kinder dabei sind. „Mama, schau mal. Hier ist ein Uhu. Und da ein Wildschwein und hier ein Bär ...“ Die Anzahl der Tiere ist beeindruckend, wie nah man ihnen kommt ebenfalls. Und noch immer wundern sich vor allem die zugereisten Gäste, dass dieser wunderschöne Ausflug kein Geld kostet. Und dann das: eine Streichel-

TIPP *Der Tierpark Olderdissen ist das ganze Jahr rund um die Uhr geöffnet und kostenlos.*

wiese. Für die Kleinsten hat sich der Besuch schon jetzt gelohnt. Ida ist hellauf begeistert: „Mami, schau mal wie süüüüß die Schafe und Ziegen hier sind.“ Einen Streichel-Marathon lassen die Vierbeiner dann auch noch über sich ergehen. Idas Bruder Tobi ist bereits ein kleiner Chef-Biologe und kündigt schon mal an: „Ach ja, den Kormoran, die schottischen Hochlandrinder, die Wölfe und die Luchse will ich auch sehen.“ Ein Glücksmoment nach dem anderen. Und das nicht nur für die Kinder. Denn ist der Rundgang geschafft, wartet am Ein- und Ausgang ja wieder das schöne Café vom Anfang. Und keine Panik. Damit die Eltern in Ruhe ihren verdienten Kaffee trinken können, gibt es gleich nebenan, quasi in Sichtweite, einen supertollen Abenteuerspielplatz. Nur ist der so attraktiv, dass dort auch schon mehrere Papis gesehen wurden. Ist ja auch nicht schlecht für die Mamis ...

○ **Olderdissen Tierpark, Dornberger Straße 149 a, 33619 Bielefeld, Tel. (05 21) 51 29 56**
www.bielefeld.de/de/un/tpo
○ **ÖPNV: Bus 24, Haltestelle Tierpark**

Essen mit Gottes Segen

66 *GLÜCKUNDSELIGKEIT in einer Kirche*

Wer die Räume im GLÜCKUNDSELIGKEIT betritt, hat die Gewissheit: So etwas gibt es nur ein einziges Mal in Deutschland. Glück gehabt, dass sich Geschäftsführer Joachim Fiolka das ausgerechnet in Bielefeld ausgedacht hat. Wer mit der Kirche nicht viel am Hut hat, zögert vielleicht. Denn das GLÜCKUNDSELIGKEIT befindet sich in einer 2005 entweihten Kirche, hat vom pastoralen Charme aber nichts eingebüßt. Der massive Backsteinbau mit gotischen Stilelementen bei den Fenstern wurde weitgehend erhalten und ansprechend mit modernen Elementen aufgepeppt. Der erste Eindruck nötigt einem schon etwas Respekt ab. Und der bleibt auch beim Blick auf die Karte erhalten, die auch für Vegetarier und Veganer Leckeres anbietet. Denn alles, was hier auf den Tisch kommt, bereiten die bis zu sieben Köche frisch zu. Wer Kürbis- und Pinienkerne mag, bestellt den Nüsslisalat und kann wie im Hotel ein „Upgrade" bekommen. Die Speisekarte bietet dazu zwei Garnelen an. Natürlich gibt's auch Klassiker wie Schnitzel, das vom Chef geadelt wird. „Auch wenn es ein banales Gericht ist. Nirgendwo schmeckt es so gut wie hier." Nicht zu verachten ist der Duft aus der Küche, wenn Asiatisches zubereitet wird und bis unter das 14 Meter hohe Dach der ehemaligen Kirche zieht. Das Wasser läuft einem im Mund zusammen, denn Rotes Thai Curry wird nicht nur sehr attraktiv auf dem Teller drapiert, sondern schmeckt dank zahlreicher frischer Zutaten wie ein Gedicht. Beim Essen schweift der Blick durch den ehemaligen Kirchenbau und bleibt unwillkürlich an der prächtigen Tischreihe hängen, die sich über rund 15 Meter durch den Raum erstreckt. Wenn der Magen gefüllt und der Hunger gestillt ist, geht's nach draußen. Denn nicht nur drinnen ist es nett, auch der chillige Außenbereich gefällt. Für die Kinder gibt's dort reichlich Bespaßung, unter anderem wartet ein großes Trampolin auf die kleinen Springflöhe. Wer dann gesättigt und bespielt nach Hause geht, kommt mit Sicherheit ein zweites Mal wieder. Amen!

TIPP Tagen in himmlischer Umgebung. GLÜCKUND-SELIGKEIT bietet einen Komplettservice für Tagungen an.

● GLÜCKUNDSELIGKEIT, Artur-Ladebeck-Straße 57, 33617 Bielefeld, Tel. (05 21) 5 57 65 00
www.glueckundseligkeit.de
● ÖPNV: Straßenbahn 1, Haltestelle Bethel

Frisches Brot – ein Gedicht

67 *Niemöllers Mühle an der Lutter*

Bereits morgens um fünf Uhr duftet es verführerisch nach frischem Brot. Aus den Schloten qualmt erster Rauch, und drei Bäcker kneten den Teig für rund 300 Brote, die an diesem Tag für den guten Zweck verkauft werden. Während in Niemöllers Mühle bereits ordentlich gearbeitet wird, schlummert die Gegend rund um das historische Gebäude aus dem Jahr 1535 noch im Tiefschlaf. Dabei ist gerade um die Uhrzeit ein Besuch hier eine sehr friedliche Angelegenheit. Schon aus der Ferne hört man das Wasser der Lutter gemächlich plätschern, bevor es dann kräftig Fahrt aufnimmt und schließlich so viel Kraft entwickelt, dass es das große, hölzerne Mühlrad scheinbar spielerisch um die eigene Achse dreht. Und ist das Rad so richtig in Schwung gekommen, drehen sich auch im Inneren der Mühle die Zahnräder ineinander und helfen so das Korn für das frische Brot zu mahlen. Was früher das tägliche Handwerk des Müllers war, wird heutzutage nur noch einmal im Monat demonstriert. Mittlerweile sind die ersten leckeren Roggenmischbrote aus dem Steinofen gezogen worden. Und auch die ersten Besucher des Mühlentages haben es sich rund um die Mühle bequem gemacht. „Wir kommen regelmäßig her, denn hier bekommen vor allem die Kinder eine Vorstellung davon, wie früher Brot hergestellt wurde. Manche denken heute ja, der Backshop stellt die Brote her", lacht Josephine, die mit ihren beiden Kindern eine Radtour zur Mühle gemacht hat. Gegen Mittag ist die Mühle gut gefüllt. Neben dem selbst gebackenen Brot gibt es mittlerweile auch Bratwürstchen und Salat. „Wenn man das Plätschern des Wassers hört, schmeckt es gleich doppelt so gut", erklärt Jesse Oppenhäuser, seit einem Jahr Vorsitzender des Fördervereins der Mühle. Perfekt wird dieser schöne Ausflug, „wenn man von hier zwei Kilometer an der Lutter entlanggeht. Dann erlebt man eine malerische Landschaft. Und die Kinder können wunderbar im Fluss planschen. Wo kann man das in Bielefeld sonst noch?"

Niemöllers Mühle Denkmal, Niemöllershof, 33649 Bielefeld, Tel. (01 52) 28 97 46 06
www.niemoellers-muehle.de
ÖPNV: Bus 95, 128, Haltestelle Niemöllershof

Etwas für Überflieger

68 *The Bernstein über den Dächern der Stadt*

Wenn über den Wolken die Freiheit wohl grenzenlos ist, dann ist der Blick von der Außenterrasse des Bernsteins zumindest grenzenlos beeindruckend. Denn in einer respektablen Höhe von 25 Metern bekommt man einen fantastischen 360-Grad-Blick kostenlos dazu. Wer hier einen Platz gefunden hat, lässt sich den Wind um die Nase wehen und genießt die entspannte Atmosphäre. Auch der Blick in die Karte lohnt sich. Denn hier wird zwischen „The Bistro" und „Fine Dining" unterschieden. Dazu gibt es noch eine Wochenkarte für den Snack in der Mittagspause. Die Auswahl der Gerichte ist groß, das Besondere daran: Gebackenen Ziegenfrischkäse gibt es sicherlich nicht nur hier, doch hier wird er mit Wildkräutersalat, Mangochutney und karamellisierten Nüssen serviert. Hört sich nicht nur fantastisch an, ist es auch. Vor allem die herb-süße Mischung macht es zu einem Traum. Auch optisch ein Hingucker. Den Hauptgang wählen wir ebenfalls vegetarisch und freuen uns auf ein Risotto Milanese mit konfierten Kirschtomaten, gebratenem Broccoli, Parmesan und wahlweise mit gebratenen Garnelen. Für die Nachspeise begeben wir uns dann von der Terrasse in den lang gestreckten Saal des Bernsteins.

Eindruck macht da allein schon der Tresen, der sich über gefühlte 15 Meter erstreckt. Im eleganten, aber schlichten Design gestaltet, kann die Bar mit jeder Cocktail-Lounge mithalten. Beeindruckend auch die Anzahl an Spirituosen, die fein säuberlich wie an einer Schnur dort stehen und am späteren Abend sicherlich Abnehmer finden werden. Wer es lieber ungestört mag, findet hinter dem Tresen einen lang gezogenen Hochtisch direkt am Fenster, an dem es nicht auffällt, dass man den Abend lieber alleine genießen möchte. Außerdem lässt sich hier wunderbar beobachten, was „down under" in der Altstadt passiert. Und welche Promis sich gern mal im Bernstein eine Auszeit gönnen. Denn für Auszeiten für jedermann ist es hier geradezu perfekt.

The Bernstein, Niederwall 2, 33602 Bielefeld, Tel. (05 21) 9 62 87 50
www.the-bernstein.de
ÖPNV: Straßenbahn 1, 2, 3, 4, Haltestelle Jahnplatz

Wohltuend unaufgeregt

69 *Das Casa hat Tradition*

Angesichts der Dichte an Burgerläden in der näheren Umgebung ist das Casa wohltuend unaufgeregt. Ein Ort, der weniger auf Coolness und Effekte setzt, sondern auf Qualität und Beständigkeit. Seit über 30 Jahren derselbe Chef, seit über 30 Jahren dasselbe Interieur. Den Tischen sieht man die Zeit zwar an, heute gehen sie aber als Vintage durch und sind damit aktueller denn je. Den Kaffee nimmt man auf Holzbänken ein, die die Wände flankieren. Ein besonderer Hingucker sind die vielen Kacheln an der Wand, die sich wie eine Bordüre durch den Laden ziehen. Es passt zum Flair des Casa, dass hier und da eine Kachel fehlt, was leicht zu erklären ist, denn dieses optische Highlight verziert seit einem Dritteljahrhundert die Wände. Aktuell ist hingegen die Speisekarte. Für die schnelle Entscheidung hängen die „Empfehlungen der Woche" an der Wand. Handgeschrieben ist dort eine kleine Auswahl zu lesen, die schon bei der liebevollen Beschreibung Appetit auf mehr macht. Überschrieben ist die Karte mit dem Motto des Casa, das sehr sympathisch und vor allem glaubwürdig von allen Mitarbeitern hier gelebt wird: „Ehrlich, authentisch, frisch". All das verleiht dem Besuch einen Wohlfühlfaktor, der in der Stadt seinesgleichen sucht. Nach dem Essen empfiehlt der Chef einen kleinen Absacker im mindestens ebenso ansprechenden Innenhof, der fast zu banal als „Biergarten" tituliert wird. Denn das südländische Flair mit Palmen, Holzbänken und lauschiger Musik ist stimmig und bringt den Gästen zusätzliche Entspannung. Wer im Casa gut und preisgünstig gegessen hat, rundet hier seinen Besuch perfekt ab. Wenn man dann nach einem gefühlten zweistündigen Kurzurlaub, den man hier problemlos verbringen kann, das Casa verlässt, steht fest: Hier komme ich wieder, denn die Ehrlichkeit, die Authentizität und Frische, die einem hier geboten werden, tun einfach rundum gut.

● Casa, Karl-Eilers-Straße 12, 33602 Bielefeld, Tel. (05 21) 3 93 81 18
● ÖPNV: Straßenbahn 1, 2, 3, 4, Haltestelle Jahnplatz; Bus 25, 26, Haltestelle Elsa-Brändström-Straße

Maritime Liebeserklärung

 70 *Der Obersee in Schildesche*

Da liegt er vor einem. So stolz und malerisch. Der Obersee ist Bielefelds ganzer maritimer Stolz. In einer Stadt, die nicht mal einen richtigen Fluss hat. Dafür aber einen See, der sich sehen lassen kann. Und das machen die Bielefelder recht häufig. Den Obersee ansehen. Gern am Wochenende, wenn sich zu schönem Wetter die eigene entspannte Stimmung gesellt. Die kann man am See optimieren. Dafür reicht schon ein Rundgang. Zwar sind die drei Kilometer für manch einen eine sportliche Herausforderung, aber sie lohnt sich. Wir starten am Ostufer. Hinter uns liegt in luftiger Höhe der prächtige Viadukt, über den die Züge in die Innenstadt gleiten. Im Uhrzeigersinn nehmen wir die ersten Meter auf uns und finden nach kurzer Zeit schon lauschige Plätze. Zeit für ein kleines Picknick? Man gönnt sich ja sonst nichts. Der nächste Abschnitt ist zwar etwas länger, hält aber vor allem für Eltern Unbezahlbares bereit: Einen ansehnlichen Spielplatz, der ihnen sicherlich ein paar ruhige Minuten zum Abschalten oder Wieder-Kind-Werden bescheren dürfte, zu spannend sind hier die Spielgeräte für den Nachwuchs. Besonders reizvoll

TIPP Wer nicht den ganzen See erwandern will: Es gibt auch am Westufer Parkplätze.

wird es dann, wenn der See zu Dreiviertel umrundet ist. Schon aus der Entfernung ist lauschige Musik zu hören. Den Grund für diesen einladenden Wohlklang entdeckt man wenig später. Ein super netter Beach-Club, die „Düne 13", wartet mit herrlichen Cocktails und bequemen Strandliegen. Der aufgeschüttete Sand ist selbstverständlich inklusive. Und wenn die Sonne zu sehr brennt, stehen Schatten spendende Sonnenschirme bereit. Fast zu schön hier, aus diesem Dolcefarniente aufzubrechen, um den Spaziergang fortzusetzen. Wer mag, kann eine Partie Beachvolleyball einschieben. Und sich dann noch einen zweiten Cocktail genehmigen, während die anderen schon mal den Wagen holen. Okay, muss ja nicht sein. Ein netter Gedanke ist es aber trotzdem.

▶ Obersee, Talbrückenstraße, 33611 Bielefeld
▶ ÖPNV: Bus 31, Haltestelle Talbrückenstraße

Wein, Wein – Glücksgefühl

71 Das Weinetc. in der Altstadt

Eine ausgelassene Stimmung herrscht bei den acht jungen Frauen, die es sich im Weinetc. bequem gemacht haben. Da, wo tagsüber Wein in allen Kategorien verkauft und verkostet wird, lädt Piet Rosendahl, der eigentlich Hans Peter heißt, zum Mädelsabend ein. „Wir haben aber auch für die Männer spezielle Angebote. Hier kommt niemand zu kurz." An diesem Abend ohnehin nicht, denn Piet hat ein besonderes Arrangement vorbereitet – Genuss garantiert. Sechs bis acht Weine werden gereicht, garniert immer mal wieder mit einem Späßchen des Groß-Gastronomen. „Seien Sie froh", erzählt er, „dass Sie den Wein genießen können, und zwar im vollen Glas. Ich muss ihn oft wieder ausspucken." Den verwunderten, gleichwohl amüsierten Blicken entgegnet der 62-Jährige sofort: „Was denken Sie denn. Wenn ich auf einer Messe bin und jedes Glas austrinken würde, was ich da angeboten bekomme. Ausspucken kann schon mal lebensrettend sein." Piet lacht aus vollem Hals und prostet den Damen zu, die nach den ersten Gläschen auf den leckeren Snack warten, den ihnen Piet in Kürze servieren wird. „Essen gehört dazu. Dann schmeckt der Wein noch besser", betont er. Und sofort werden Käse in verschiedensten Sorten und kleine Pasta-Speisen serviert.

TIPP Weinetc. hat das gewisse Extra: Neben Weinproben gibt es hier weinselige Frauen- und Männerabende.

Ein Raunen geht durch die Frauengruppe. „Hier ist es immer so nett", sagt eine der Damen, die bereits das dritte Mal einen Mädelsabend genießt. Im Hintergrund rundet leise klassische Musik das Arrangement perfekt und stimmig ab. Angereichert wird der Abend mit ein bisschen Weinkunde und Reiseberichten aus Regionen, in denen die Beeren besonders gut wachsen und leckeren Wein hervorbringen. Schließlich soll hier niemand rausgehen, ohne zu wissen, welches Glas zu welchem Wein gehört. Abschließend gibt es von Piet noch einen Tipp mit auf den Heimweg: „Meine Damen, lassen Sie die Rotweinflasche nach dem Öffnen ruhig ein paar Stunden stehen. Erst dann hat sich der perfekte Geschmack entfaltet." Von den Damen gibt's zarten Applaus. Und Piet überprüft sicherheitshalber selbst noch mal, ob der ausgeschenkte Wein auch gut war.

Weinetc., Hagenbruchstraße 4, 33602 Bielefeld, Tel. (05 21) 5 21 79 78
www.weinetc.de
ÖPNV: Straßenbahn 1, 2, 3, 4, Haltestelle Rathaus

Das Glück zum Greifen nah

 72 *Das Alpine Zentrum – neu und modern*

Wer es bislang nicht wusste: Bielefeld hat einen Hausberg, der perfekt für Kletter-Junkies und die, die es noch werden wollen, geeignet ist. Und das Beste daran: Klettern ist bei jedem Wetter möglich, denn das Alpine Zentrum befindet sich in einer neuen, topmodernen Halle. Und die flößt einem schon großen Respekt ein. Vor allem, wenn man vor der 70 Meter hohen und sich in luftiger Höhe circa 25 Grad biegenden Wand steht. Der erste Gedanke: Nett hier, für einen Kindergeburtstag: rote, braune, gelbe, grüne und schwarze Griffe an der Wand. Das könnte rein optisch meiner achtjährigen Tochter gefallen. Den Kindergeburtstag verlegen wir dann aber doch besser in eine der beiden Boulderhallen. Denn in der Kletterhalle sind überwiegend die Experten am Werk beziehungsweise in der Höhe unterwegs. Ohne Vorkenntnisse geht hier wenig. Daniel Quast vom Alpinen Zentrum versichert, dass jeder Kletterer mit einem Seil abgesichert ist. Die zwei, die sich gerade an der Wand versuchen, machen den Spaß schon „seit wir denken können, haben damals aber auch erst in der Boulderhalle angefangen". Und dahin geht jetzt auch der Blick. Denn beim Bouldern (englisch für Felsblock) ist die Höhe überschaubar. Und wenn die Kraft mal versagt, fällt man weich auf bunte, dicke Matten.

TIPP *Ideal für Schulklassen. Mit speziellen Angeboten macht der Sportunterricht hier richtig Spaß.*

Doch noch fällt meine Tochter Florentine nicht. Sie hat sich für eine einfache Route entschieden. Für Anfänger der richtige Weg, sagt Daniel Quast. Ganz vorsichtig arbeitet sie sich nach oben. Der Chef schaut ihr zu und gibt hilfreiche Tipps. Schließlich soll das erste Mal ja was ganz Besonderes werden. Und tatsächlich: Nach zehn Minuten ist sie auf einer Höhe von vier Metern angekommen. Von oben ruft sie: „Reicht für heute!" Ein Blick nach unten, und dann folgt ein schwungvoller Sprung und eine sichere Landung in den weichen Kissen. Stunden später erzählt mir meine Tochter, dass sie natürlich noch höher hätte klettern können. Ein ungläubiger Blick von mir. Und sie gesteht: „Ich wollte mich unbedingt in die Kissen fallen lassen. Von weiter oben hätte ich mich nicht mehr getraut."

◉ DAV Alpinzentrum Bielefeld, Meisenstraße 65 a, 33607 Bielefeld, Tel. (05 21) 2 99 44
www.alpinzentrum-bielefeld.de
◉ ÖPNV: Bus 369, Haltestelle Am Wiehagen

Alles entspannt an Deck

 Santa Maria über den Dächern der Stadt

Ahoi, die Santa Maria liegt vor Anker, und zwar ständig und sonnig. Jedenfalls im Sommer. Und das in luftiger Höhe, über den Dächern von Bielefeld. Wer in den warmen Monaten Lust auf chillige Abende hat, für den ist das „Santa Maria" ein absolutes Muss. Das haben auch die Bielefelder erkannt. Deshalb ist das Dach eines Parkhauses immer gut besucht. Es lässt sich im aufgeschütteten Sand so herrlich entspannen. Klar, dass da ein Cocktail nicht fehlen darf. Ist hier aber kein Problem. Die Karte hält die gängigen Drinks wie Cuba Libre, Mojito, Gin Tonic und Wodka Energie Lemon bereit. Für den kleinen Hunger gibt's Burger, Flammkuchen und weitere Snacks. Das dürfte als Grundlage für einen lauschig, heiteren Abend locker ausreichen. Schließlich stehen Entspannung und zufällige Kontaktaufnahme doch eher im Mittelpunkt des Besuches. Wer hier seinen Platz gefunden hat und ein bisschen abtaucht in die Welt zwischen Mojito und Prosecco, dem fällt es leicht, die Lounge-Musik auf sich wirken zu lassen. Genuss ist selten so leicht wie hier an einem warmen Sommerabend. Und der sollte es schon sein. Denn die andere

TIPP Ab 18 Uhr legen täglich lokale DJs auf, wenn das Wetter mitspielt.

Hälfte des Jahres verbringt Kapitän Niklas Neumann zusammen mit seiner Steuerfrau Bernadette, die die Santa Maria seit Jahren auf Kurs bringen, gern mal am Steuer ihres Wohnmobils. „Da sind wir fünf Monate unterwegs und tauchen immer wieder in fremde Kulturen ein. Dieses Lebensgefühl wollen wir an unsere Gäste weitergeben", erzählt Niklas. Die Santa Maria ist für ihn ein Ort, „an dem das Gefühl von Urlaub und Entspannung entsteht. Und sei es nur für ein paar Stunden." Zuletzt überwinterten die beiden in Marokko. „Ideen von der Reise setzen wir dann gerne schon mal um. Und den Gästen gefällt es", freut sich der Chef. Warum hat die Santa Maria zu alten Seeräuber-Zeiten eigentlich nie vor Marokko angelegt. Eine Frage, die selbst Niklas nicht beantworten kann.

○ Strandbar Santa Maria, Große-Kurfürsten-Straße 75, 33615 Bielefeld Tel. (05 21) 44 81 23 46
www.strandbar-santamaria.de
○ ÖPNV: Bus 25, 26, Haltestelle Elsa-Brändström-Straße

Frischer geht es nicht!

 74 *Biohof Bobbert in Quelle*

Diesem herzerfrischenden Lachen kann niemand widerstehen: Auch wenn der Biohof von Oda Bobbert am Wochenende fast immer überfüllt ist, hat die Chefin für jeden Besucher noch ein Lächeln übrig. „Na klar", sagt sie, „das Leben ist zu schön, um alles zu ernst zu nehmen. Deshalb ist es mir sehr wichtig, dass sich hier jeder wohlfühlt. Und ein Lächeln kann dabei helfen." Ein Lächeln, das auch jedes Kind hat, das hier mit seinen Eltern vorbeikommt. Während die Eltern einkaufen, finden die Kinder hier ein kleines Paradies vor. Oda Bobbert gibt sich sehr viel Mühe, um speziell die jungen Besucher zu erfreuen. Das dürfte nicht schwerfallen: Schweine, Schafe, Gänse und selbst Rinder machen den Hof zu einem tierischen Bauernhof. Und wenn der kleine Hunger ruft, hat die Chefin selbstverständlich auch dafür vorgesorgt. „Wir haben gemerkt, dass der Bedarf da ist und die Besucher hier länger bleiben, weil es so schön ist. Deshalb haben wir eine Hofküche eingebaut, die immer eine frische Portion Essen bereithält. Wir verwerten dabei auch die Reste, die wir nicht verkaufen." Nachhaltigkeit liegt ihr am Herzen: „Wir wollen keine Gentechnik, keinen Kunstdünger oder chemische Pflanzenschutzmittel." Und diese Frische schmeckt man auch. „Jeden Morgen ernten wird das Gemüse von unseren Feldern, waschen es und bringen es direkt in den Hofladen. Alles, was gerade Saison hat, wird auch in der Hofküche zu etwas Leckerem verarbeitet." Das können Michaela und Jürgen, die im Stadtteil wohnen, vollauf bestätigen: „Wir machen hier samstags immer unsere Mittagspause. Die Quiche und Suppen, die es hier gibt, sind eine Wucht."

Oda Bobberts Herz schlägt aber nicht nur für die ganz kleinen Gäste. „Wir bieten auch Jugendlichen an, hier ein Praktikum zu machen." Schließlich braucht auch der Biohof Nachwuchs, „der für diese Bio-Idee brennt".

TIPP Für den Genuss zu Hause: Bobberts Hofgerichte im Glas – mit Fleisch oder vegetarisch – zum Mitnehmen.

▶ **Biohof Bobbert, Alleestraße 3, 33649 Bielefeld, Tel. (05 21) 9 46 76 00**
www.biohof-bobbert.de
▶ **ÖPNV: Bus N14, Haltestelle Carl-Severing-Straße**

Hier läuft es rund

 75 *Die Supertram auf dem Siegfriedplatz*

Eines ist hier mal sicher: Es läuft und läuft und läuft. Gemeint ist das Bier in der Supertram auf dem Siegfriedplatz. Da steht er: ein Straßenbahnwaggon aus vergangener Zeit. Schön orange gefärbt und ein Magnet für alle, die sich hier vor allem in den wärmeren Jahreszeiten versammeln. Seit 1999 steht er hier. Aus Brandenburg hat ihn Fred Gehring geholt, weil ihm für sein Restaurant „Der Koch" noch ein netter Biergarten fehlte. Die Supertram ist das Highlight auf dem Siegfriedplatz. Vor allem, wenn Arminia Bielefeld im nur 300 Meter entfernten Stadion spielt, ist der Platz gut gefüllt. Der Clou: Dank einer Pipeline, die rund einen Meter unter der Erde von seinem Restaurant zur Tram verläuft, gibt es immer frisches und vor allem gut gekühltes Bier. Egal wie heiß es ist, Fred Gehring und sein Bier bleiben cool. „Eigentlich war die Pipeline als eine Versorgungsleitung für Elektrizität und Wasser gedacht", erzählt Gehring. „Da meine Kunden aber in erster Linie mit Getränken versorgt werden wollen, haben wir zwei Bierleitungen durch die Pipeline gebaut." Durch das „Bottons up"-Prinzip schießt das Bier so viel schneller durch die Leitungen und behält seine optimale Temperatur. Wer mag, trinkt das von unten gezapfte Gebräu in Bio-Qualität. Supertram = super sichere Bierquelle, die nie versiegt und die mittlerweile jeder in der Stadt kennt.

TIPP **Unbedingt das selbst gemachte Eis aus der hauseigenen Eisdiele „Leck mich!" probieren!**

Berühmt war übrigens auch der Vater von Fred Gehring. Denn Werner Gehring, dem das Restaurant in früheren Zeiten gehörte, fehlte in seiner Kneipe ein milder Absacker für Gäste, die nach Hause gehen wollten. Deshalb mischte er so lange verschiedene Zutaten hin und her, bis schließlich ein leckeres Tröpfchen dabei herauskam. Dem gab er den Namen „Saurer Paul", der mittlerweile nicht nur bundesweit bekannt sein dürfte. Patentieren durfte er sich die Idee leider nicht. „Denn auf Lebensmittel gab es damals kein Patentrecht", klärt Fred Gehring auf.

⊙ Supertram, Schankplatz für den Biergarten des Restaurants Der Koch, Rolandstraße 15, 33615 Bielefeld, Tel. (05 21) 13 23 13, www.derkoch.de
⊙ ÖPNV: Straßenbahn 4, Haltestelle Siegfriedplatz

Glückliche Aussichten

 ## 76 *Mittelalterfest auf der Sparrenburg*

„So kommet all' herein und habet Spaß am Feste in der Burg zu Biele-felde'. Die Kleinen unter dem Schwertmaß kostet es nicht mal einen Ta-ler." In mittelalterlicher Tracht verkündet der selbst ernannte Burgherr die Einladung zum bunten Treiben rund um die Sparrenburg. Welch ein Gedudel und Gesinge! Und selten fällt es so leicht, diese Zeitreise anzutreten, wie an diesem Wochenende hier oben. Ist der Sold entrichtet, erwarten einen Gaukler, Richter, Knechte und holde Damen, um den Aufenthalt möglichst angenehm zu machen. Vor allem die Gaukler er-hoffen sich, dass das Volk so manchen Taler hier auf der Burg lässt. Des-halb bieten sie in Zelten, umhängt von Leinenstoff an, die Zukunft zu deuten. Und lässt man sich darauf ein, werden alsbald die Vorhänge ge-schlossen, damit kein Fremder etwas davon erfährt, was sich hier nun zutragen wird. Für die richtige Stimmung werden Duftkerzen entzündet. Schließlich kann ein sanftes Gemüt beim Kunden nicht schaden. Zumal die prophezeiten Zukunftsaussichten sich immer als so rosig herausstellen wie die Tücher, die die Gaukler und den Gast umgeben. Und sehr gern tun die Gaukler nur Positives kund. Selbst das Wetter der nächsten Tage bekommt eine gute Prognose. Angetan von so viel netter Nachricht wartet nebenan schon der Met-Verkäufer, der mit diesem wohlschme-ckenden Honigwein den Durst seiner Kunden umgehend löschen will. Und ist der Durst beseitigt, entsteht in der Regel schnell ein Gefühl des Hungers. Doch auch da muss der Besucher keine Not leiden. Gleich eine stattliche Anzahl von Ständen mit Fladenbroten, aufgespießtem Fleisch oder gebratenen Schweinen findet sich auf dem Gelände. Wer frisch gestärkt Bogenschießen mag oder sich dem Hufeisenschlagen hin-geben will – für jeden hält das Fest an der Sparrenburg genau das Richtige bereit. Und natürlich gibt es für den Heimweg in einem der zahlreichen Stände ausreichend Mitbringsel. Schwerter, Ringe und Anstecker aller Art werden zu mittelalterlicher Musik aus dem Dudelsack, der Drehleier oder der Laute feilgeboten, was allen Leuten wohl gefällt!

● Sparrenburgfest, Am Sparrenberg 40, 33602 Bielefeld, Tel. (05 21) 51 61 60, www.bielefeld.jetzt/sparrenburgfest
● ÖPNV: Straßenbahn 1, Haltestelle Adenauerplatz

Wie die Zeit vergeht ...

 Genießen auf dem Abendmarkt am Klosterplatz

Eigentlich wollte Roswitha ja nur mal eben zum Abendmarkt am Klosterplatz, um einen Strauß Blumen zu kaufen und vielleicht noch etwas Gemüse und ein bisschen Obst. Aus „mal eben" sind mittlerweile zweieinhalb Stunden geworden. „Denn erstens ist es hier immer so nett. Das hat südländisches Flair", sagt die 79-Jährige. Und außerdem trifft sie dann doch noch den einen oder anderen Bekannten.

Und da es auf dem Klosterplatz an diesem Abend in der Woche nicht nur etwas zu kaufen gibt, sondern auch regelmäßig Live-Musik zu hören ist, „kann man ja mal für ein nettes Gespräch auch noch was essen", hat Roswitha eigentlich schon immer eine Verlängerung ihres Markt-Shoppings eingeplant. Und wenn sie dann mit Freunden eine nette Kleinigkeit zu sich nimmt, denn „fliegen einem die verschiedensten Düfte um die Nase". Denn die Frische der Blumen und des Obstes riecht nun mal so gut, dass man sich hier einfach wohlfühlt, bestätigt Renate, mit der sich Roswitha gern donnerstags hier mal spontan trifft. In diesem Moment spielt die Musik wieder auf, und für den Heimweg ist es noch viel zu früh. „Selbst in meinem Alter bleibt man dann gerne noch ein bisschen hier. Ich habe es ja nicht weit bis nach Hause", sagt Roswitha. Und beobachtet dabei die „vielen jungen Leute, die es sich hier natürlich auch gemütlich machen".

Der Klosterplatz war schon immer ein ganz besonderer Ort. In früheren Jahren war es ein sehr beliebter Biergarten und seit Kurzem in der Adventszeit ein kleiner, gemütlicher Weihnachtsmarkt. „Und gleich daneben mit einer Eisbahn, die ganz toll ankommt. Bei den jüngeren. Denn dafür bin ich dann doch schon zu alt", sagt sie und nimmt ihre Taschen voller Gemüse und Blumen, um den Heimweg anzutreten. Denn es dauert ja nicht lange, dann ist wieder Donnerstag, und alle werden wieder da sein. Weil es so schön hier ist.

•••

⊙ **Abendmarkt am Klosterplatz, 33602 Bielefeld, einmal in der Woche, 16 bis 20 Uhr**
⊙ **ÖPNV: Straßenbahn 1, Haltestelle Adenauerplatz**

Ein Glück in Vinyl

78 *Der Bluesite Recordshop*

Wer hier zwischen all den Platten mal so richtig ausgiebig stöbern will, der muss ordentlich Zeit einplanen. Denn im Bluesite geht das Herz jedes Vinyl-Liebhabers auf. Insgesamt rund 80.000 Platten sind fein säuberlich und mit sehr viel Liebe in Hüllen gepackt und nach Stilrichtungen in Kästen sortiert. Guido Mohr betreibt zusammen mit Kai Porath und einer gehörigen Portion Idealismus den Laden an der Stapenhorststraße. Wer Guido Mohr mal zu Hause besucht, weiß woher die Liebe zur Platte kommt. Über 15 000 Exemplare hat er in seiner Wohnung. An jede einzelne kann er sich erinnern. In jedem Kauf stecke eine Menge Herzblut. „CD kann man doch vergessen. Platten sind das Wahre. Das hat man richtig was in der Hand", bekennt er. Somit hat er sein Hobby zum Beruf gemacht und opfert dafür auch gern viel Zeit. Wenn er an die gewaltige Auswahl in seinem Laden denkt, kommt Guido Mohr ins Schwärmen. „Wir haben sogar ein Schätzchen aus den 20er-Jahren. Wohlgemerkt des letzten Jahrhunderts." Die bislang wertvollste Scheibe ging für über 800 Euro über den Ladentisch. Was ihm so gut gefällt: „Wir haben Jazz, Indie, Reggae und Soul. Alles abseits des Mainstreams." Auch deshalb ist er froh, dass Vinyl schon seit Jahren seine Renaissance erlebt. „Junge Menschen kommen und suchen nach alten Platten. Die hören dann die Musik ihrer Eltern." Wohltuend entspannt beraten die beiden ihre Kunden und halten auch gern mal ein längeres Schwätzchen über vergangene Zeiten. Eines ist sicher: Aus der Ruhe bringt die beiden so schnell nichts. Es sei denn, es kommt doch mal eine Band persönlich vorbei. Dann schlägt selbst bei Porath und Mohr der Puls schneller. „Klar, es sind nicht die Bands, die in den Charts sind. Aber dem einen oder anderen sagen Namen wie Blumenfeld schon etwas", strahlt Kai Porath. Allerdings ist Promi-Besuch eher die Ausnahme, was hier auch niemanden stört. Denn Porath und Mohr widmen sich ohnehin viel lieber den Kunden und ihren rund 80.000 Vinyl-Schätzchen.

- -

🔵 **Bluesite Recordshop, Stapenhorststraße 19, 33615 Bielefeld, Tel. (05 21) 17 10 16**
www.bluesiterecords.de
🔵 **ÖPNV: Bus 21, 61, 62, Haltestelle Franziskus-Hospital**

Die Zeit steht still

 Kunst und Kultur im Jules Verne

Eines ist mal sicher: Dieser Waggon fährt nicht mehr ab. Wäre auch viel zu schade, denn Gerlinde Schütte hat daraus ein wundervolles Atelier gezaubert. Kaum hat man den Innenraum betreten, steigt einem ein wohliger Kamingeruch in die Nase. Der stürmische Wind und die ungemütliche Kälte können an diesem Tag gern draußen bleiben. Um die Kunstwerke der 61-Jährigen so richtig begutachten zu können, gibt es erst mal eine Stärkung. Gerlinde hält immer etwas Kuchen bereit. Dazu gibt es selbstverständlich frisch aufgebrühten Kaffee. „Hier ist jeder willkommen. Gerade Frauen nutzen mein kleines Atelier für eine nette Auszeit, bringen ihre Stricksachen mit und schalten einfach mal ab." Das kann man hier prima. Ein Blick aus dem schnuckeligen Fenster des Waggons reicht, und man kann sich vorstellen, wie die Züge hier früher vorbeiratterten. Auch der Waggon von Gerlinde Schütte hat schon etliche Kilometer auf dem Buckel. „Die weiteste Fahrt war vor 100 Jahren bis in die heutige Ukraine." Mittlerweile hat Jules Verne, wie der Waggon liebevoll genannt wird, seinen Alterssitz gefunden und muss sich nicht mehr über die Schienen des Landes quälen. Stattdessen hat ihn Schütte aufgehübscht mit zahlreichen Funden, die sie von ihren Reisen mitgebracht hat. „Ich habe schon immer nach einem geeigneten Raum für meine Exponate gesucht. Und hier kommen sie perfekt zur Geltung", freut sich die Künstlerin. Für sie ist ihr Waggon „Ein Ort für Kommunikation und Kreativität". Alles ist erlaubt, was entspannt und kreativ ist. Im Jules Verne soll es einem gut gehen und die Stunden wie im Fluge vergehen. Selbstverständlich hat die Künstlerin nichts dagegen, wenn sich außerdem Käufer für eines ihrer zahlreichen Werke finden würden. „Schrill und ausgefallen genug sind sie ja."

Plötzlich frischt der Wind draußen auf und ruckelt am kleinen Waggon. Und es ist ein bisschen wie früher, als Jules Verne sich nach einem Ruckeln auf den Weg gemacht hat in die weite, weite Welt.

TIPP Klönen und entspannen. Im Jules Verne ist jeder willkommen, der eine gute Zeit verleben möchte.

○ Jules Verne, Café am Möbelbahnhof, Altenburger Straße 2 b, 33699 Bielefeld
○ ÖPNV: Bus 138, 38, Haltestelle Altenburger Straße

Glück im Allerheiligsten

 Kabinengespräche bei Arminia Bielefeld

Der Raum ist in blaues Licht getaucht. Wohlfühlatmosphäre. Ein Ort, an dem man gerne ist. Allerdings auch ein Ort, an dem normalerweise niemand sein darf, der kein Trainer, Spieler oder sonst ein wichtiger Mensch des DSC Arminia Bielefeld ist. Denn hier werden letzte Anweisungen gegeben, Wunden verarztet und die Spieler auf ihren Job eingeschworen. Hier, in den Spielerkabinen, hat eigentlich niemand etwas zu suchen. Mit einer Ausnahme: Einmal im Monat öffnet die Arminia ihre Tore und lässt jeweils rund 60 Fans ins Innerste, in die Kommandozentrale des Vereins. Fußball-like stellen sich zwei Spieler für jeweils 45 Minuten den Fragen der Fans. Ein Spieler wartet in der komfortablen Kabine der Heimmannschaft, ein weiterer Profi berichtet über seine Erfahrungen in der weitaus spartanischer aussehenden Gästekabine. „Dieser Raum ist extra so unschön eingerichtet", erzählt Abwehrspieler Florian Hartherz. Der Grund leuchtet ein: „Die sollen sich nicht wohlfühlen und am liebsten gleich wieder verschwinden." Nachdem die Fans Platz genommen haben, moderiert Patrick Lippelt den Abend sehr humorvoll an und gibt dann das Kommando: „Feuer frei." Der Fan-

TIPP Wer Arminia Bielefeld auf facebook liked, wird mit regelmäßigen Infos über die Kabinengespräche versorgt.

beauftragte der Arminia kümmert sich zusammen mit Thomas Brinkmeier um die Betreuung der Gäste, schafft mit Lichtern und Kerzen eine heimelige Stimmung, in der sich auffallend viele weibliche Fans sichtlich wohlfühlen.

„Hat etwas von Wohnzimmer-Atmosphäre", findet Esther Kröger (34), die zum ersten Mal hier ist. Um den Fans die Scheu zu nehmen, sagt Lippelt: „Ihr dürft hier alles fragen, denn Journalisten sind extra nicht eingeladen." Auch deshalb plaudern die Profis gern mal aus dem Nähkästchen und erzählen spannende Geschichten. In der 15-minütigen Pause werden Getränke gereicht, bevor die zweite Talk-Halbzeit eingeläutet wird. Esther Kröger findet es spannend. Ihr erstes Mal wird sicherlich nicht ihr letztes Mal sein.

▶ **Kabinengespräche beim DSC Arminia Bielefeld, Melanchthonstraße 31 a, 33615 Bielefeld, Tel. (05 21) 96 61 12 68, www.arminia-bielefeld.de**
▶ **ÖPNV: Bus 25, 26, Haltestelle Melanchthonstraße**

Bibliografische Informationen der Deutschen Nationalbibliothek
Die Deutsche Nationalbibliothek verzeichnet diese Publikation in der Deutschen Nationalbibliografie;
detaillierte bibliografische Daten sind im Internet über http://dnb.d-nb.de abrufbar.

© 2020 Droste Verlag GmbH, Düsseldorf

Konzeption/Satz: Droste Verlag, Düsseldorf

Einbandgestaltung und Illustrationen: Britta Rungwerth, Düsseldorf, unter Verwendung von Bildern von
© Fotolia.com: jd - photodesign.de; © iStock: Plociennik Robert

Fotos: Tim Burchard, außer:

Bielefeld Marketing GmbH: S. 51, 59, 81, 159; Café Schlösschen: S. 83; Andreas Frücht: S. 91; Gemüselust: S. 41;
Historisches Museum: S. 129; GlückundSeligkeit: S. 139; Kirche Bielefeld: S. 69; Marcel Lossie: S. 97, 121; Numa:
S. 117; Thomas F. Starke: S. 167; Steinkrögers Hofladen: S. 127; Strandbar Santa Maria: S. 153; the good hood:
S. 13; Weinetc.: S. 149; www.stock.adobe.com: S. 137 © M. Haemisch; Zweischlingen: S. 131

MIX
Papier aus verantwor-
tungsvollen Quellen
FSC® C011279

Druck und Bindung: LUC GmbH, Greven
ISBN 978-3-7700-2238-0

www.drosteverlag.de